AF201036

Buch

Beratungshäuser versprechen jungen, ehrgeizigen Absolventen viel Verantwortung, noch mehr Geld und eine steile Karriere. Blutjunge Menschen jetten quer durch Deutschland, Europa und die Welt, immer auf der Suche nach dem nächsten Deal, dem nächsten Bonus, dem nächsten Kick. Dieser Roman hält einfach mal drauf. Drauf auf die Licht- und Schattenseiten dieser elitären Branche. Frau Dr. Taylor, Anfang 30, Single, blond, smart und schnell auf der Karriereleiter nach oben kletternd, führt das Leben einer kosmopolitischen Nomadin. Ein Leben aus dem Koffer, kaum schlafend, voller Leidenschaft und Ehrgeiz, von einem zum nächsten Assessment Center, durch die Welt und ihr eigenes Leben jagend und stolpernd – immer 24/7.

Autorin

Die Ali, Diplom-Psychologin, Unternehmensberaterin, Managerin und jetzt Autorin, war für diverse Beratungshäuser in der freien Wirtschaft tätig, u.a. in den Fachgebieten Management Diagnostik, Leadership Development und Talent Management. Die Ali, geboren in Heide (Holst) in Dithmarschen, lebt und schreibt in Hamburg auf St. Pauli.

Die Ali

SICH DAS LEBEN NEHMEN

How (not)-to Guide

Bibliografische Information der Deutschen Nationalbibliothek:

Die Deutsche Nationalbibliothek verzeichnet diese Publikation in der Deutschen Nationalbibliothek; detaillierte bibliografische Daten sind im Internet über http://dnb.dnb.de abrufbar.

© 2019 Die Ali

Umschlaggestaltung: Thomas Heinlein, Hamburg

Korrektorat: DACB & Bernd Kruse, Hamburg

Herstellung und Verlag:

BoD – Books on Demand, Norderstedt

ISBN: 9783749409266

FÜR MICH

„ It's better to burn out
than to fade away.”

- Kurt Cobain -

Inhalt

Prolog	11
The Managing Consultant	17
AC/DC	21
Der Kandidat	47
Die Feedbacks	61
Das Kompetenzmodell	75
Menschenhändler	83
Der Pitch	89
Der Kunde	97
Auf Reisen	109
Im Hotel	135
Nach Hause	143
Die VIPs	149
Beraterin in Love	159
Früher war alles besser	171
18 Std nach Abpfiff	175
Epilog	181
Glossar	187
Meine letzten Worte	193
Danksagung	195

PROLOG

Das hier ist für dich. Alles, alles was du jetzt in deinen Händen hältst. Meine Geschichte, mein Buch, für dich. Ich will dich an mich ranlassen, ran an mein Leben, rein in mein Leben. Ich fühle mich gerade wie eine Jungfrau, eine Jungfrau vor dem ersten Mal. „Kannst du dich noch daran erinnern, an diesen Moment? Damals?"

Jungfräulich liege ich nun vor dir und weiß nicht was die nächsten Minuten, Stunden passieren wird. Ich frage mich wie es sich anfühlen wird, die Elektrogefühle so neu, Blut pulsiert, ich zittere, so unwissend. Dabei tun es doch so viele, immer, jeden Tag tun sie es: präsentieren ihre Kunst, spielen eigene Musik oder lesen eigene Geschichten vor oder auch fremde, auf großen oder kleinen Bühnen, überall, manchmal nur mit einer Gitarre an einer Straßenecke in einer kalten Winternacht…

Nur ich habe sowas hier noch nicht gemacht. Ich bin immer noch jungfräulich und ich bin so unglaublich aufgeregt vor meinem ersten Mal. Mit dir. Heute. Hier. Ich möchte mich dir heute schenken, mich dir hingeben. Ich will es mit dir tun. Lässt du mich fallen? Lass mich fallen. Ich lass mich fallen, ziehe mich jetzt vor dir aus und erzähle dir zum ersten Mal eine von mir selbst geschriebene Geschichte…

Ich frag mich gerade, ob diese Einleitung jetzt adressatengerecht formuliert ist? So ganz nach dem Berater-Motto „Denk nicht drüber nach WAS du sagst, sondern zu WEM du sprichst!" Autor habe ich vergessen, aber das ist ja typisch für meine Klientel, wo doch das Prinzip gilt: klaue coole Sprüche und perform best with just-in-time productions (JIT), um absolute Professionalität bei absoluter Ahnungslosigkeit zu garantieren (oder so ähnlich).

War die Einleitung jetzt zu ordinär für dich? Oder zu disruptive? Bewegst du dich jetzt schon out of your Comfort Zone? Oder bist du neugierig geworden und willst mal deine Beliefs crushen bzw. validieren?

Dieses Buch hat den Dateinamen „20190214_Sich das Leben nehmen_ver38_Buch print wC final_6_as.docx".

In dieser Datei findest du einige Fakten und Analysen, Überlebensstrategien, Bullshit-Bingo-Phrasen, Abkürzungen, intime Momente und Alltägliches des Berater-Daseins. Immer, immer viel zu tun, immer on the Run und nie vergessen, immer wichtig! Und das Beste: egal in welcher Branche, egal wie viele Kapitälchen deine Beratung auch trägt oder tragen kann, du bist Teil einer genialen Maschinerie einer völlig überflüssigen Spezies, die sich jeden Tag wieder selbst beweisen muss, warum andere sie und nur sie brauchen.

Hey, nicht das du mich falsch verstehst, ich lieb(t)e meinen Job.

Also, lies dieses Buch oder auch nicht. Mach dir ein Bild oder nicht.

„Viel Erfolg!"

Ähm, nee, völliger Quatsch! „Viel Spaß" wünsche ich natürlich. Aber tägliche Automatismen lassen sich nur schwerlich „deleten".

Wichtig: jegliche Ähnlichkeiten mit meinem Leben oder dem von Kollegen sind natürlich rein zufällig und/oder gewollt.

Und noch eine Anmerkung: ich bin nicht immer eineindeutig wo ich mich befinde. Ob ich mich nun in einem Hotel, einem Trainingscenter oder in den hauseigenen Konferenzräumlichkeiten auf einem Firmengelände vergnüge, ähm, abschufte. Aber eigentlich ist das auch völlig egal. Wir Psychologen nennen das auch „hohes D". Jedenfalls in so einem Test mit zwei Buchstaben, der keiner Validitätsprüfung standhalten würde, jedenfalls nicht denen von Prof. Dr. Zielinski oder Dr. Amelang (ein Insider für Psychologen muss ja wohl mal drin sein).

Und noch was: ist selbst gepublished, also dieses Buch, was du jetzt in den Händen hältst. Also: meine Worte, meine Kapitel, meine Titel, mein Stil, meine Regeln und Regelbrüche sowie selbstgemachte Rechtschreibfehler – meins eben!

Die Ali

THE MANAGING CONSULTANT

(An Introduction in Deutsch)

A very nice and warm welcome! My name is Taylor, Dr. Taylor. I'm a Managing Consultant. Ich berate Kunden beim Design und bei der Implementierung von komplexen HR-Lösungen im Bereich der Management Diagnostik. Auf gut Deutsch: wir stellen für Sie auf Unternehmensseite sicher, dass Sie auch die richtigen Kerle (ab und zu auch mal ne Lady) an der richtigen Stelle sitzen haben, die auch noch hoch committed (entschuldigt den Sprachwechsel) und loyal (auch ein Fremdwort oder?) sind. Naja, die den Laden „mega" finden und in der Lage sind auch die CI (die Kultur halt) zu leben. Was habe ich letztens gelesen: „Leadership is action, not position!" Scheint bei 99% der profilneurotischen, testosteron-gesteuerten Horde noch nicht angekommen zu sein. Da kann sich das Marketing noch so viel Mühe geben und die liebe HR-Psycho-Tante sich noch so viel ausdenken.

Es fällt mir doch schwerer diese ganzen Anglizismen nicht zu verwenden, ich werde sie daher nicht nicht verwenden.

Mein Job besteht darin so viele Bälle wie möglich gleichzeitig in der Luft zu halten, dabei zu lächeln, nicht zu schlafen und Sehnenscheidenentzündungen zu unterdrücken, denn mittels meines Laptops kann ich an allen Orten dieser Welt vorgeben, im Büro zu sein bzw. an sehr wichtigen, kultivierten aber vor allem professionellen Locations dieser Erde – immer on. Als eine kosmo-politische Nomadin der neuen Generation, reise ich quer durch die Republik, durch Europa und manchmal um die

Welt – jeden Tag aus dem Koffer. Ein Leben wie auf Droge: für monatliches Schmerzensgeld, Boni, Firmenwagen und Co. versklavt sich der Consultant. Jeden Tag... jeden Tag eine kleine Dosis... nie schlafen... immer 24/7 – immer! Ich schweife ab.

Wie jeder Berater, der etwas auf sich hält, habe ich auch eine Bio für euch. Wie die Sed-Cards von Models – geht beim Berater natürlich weniger darum wie der Kopf „aussieht", sondern was da im Kopf „drin ist" (s. Anhang nächste Seite).

Dr. Taylor, *Managing Consultant*

Dr. Taylor is a managing consultant and project manager at the Institute for Management Consulting. Over the last 10 years she gained extensive professional experience in the fields of Talent Management, Management Diagnostics & Leadership Development.

She has designed and implemented various assessments and development programs for customers across Europe and across all industries - particularly tuned to the requirements and challenges of leadership positions. Moreover, she has implemented and facilitated change initiatives and processes in various organizations and possesses a high-level teaching experience in different European countries.

She also works as a trainer and leadership coach. Her interests lie in the field of international diagnostics and intercultural assessments, change leadership and coaching based on a systemic approach.

She has published several scientific articles about the topics mentioned above. She studied psychology in Germany, England and the US and holds a master's degree (Diplom-Psychology) and a PhD in psychology. Her dissertation addresses the questions of how human beings successfully overcome job related frustration in a changing organizational environment.

AC/DC

Montagmorgen, 6 Uhr! Tja, wer jetzt denkt, ich liege in meinem Bett und habe verschlafen. Denkste! Ich verschlafe nie – jedenfalls denken das die Kunden. Nein, ich bin natürlich schon Sonntagabend angereist. Scheiß drauf, dass ich Sonntagmittag schon keine Freizeit mehr hatte und mit Koffer-Packen beschäftigt war. Dementsprechend kurz fiel der Brunch mit den Ladys aus. Da bekomme ich gar nix mehr mit von dem ganzen Wer-mit-wem-oder-wer-wann-wo-in-welchem-Bett. Naja, dann kann man auch nicht neidisch werden.

Ich erwache also in einem Hotel, was ich niemandem zumuten möchte: „das Schneiders". Es hat Jugendherbergscharakter, so klein und dreckig ist mein Zimmer. Wenn du ins Bad gehst (wenn man drin steht ist man schon drin) entdeckst du sehr häufig so grüne und braune Flecken in der Dusche, gar nicht drüber nachdenken. Habe wohlwissend zu Hause geduscht, meinen Baumwoll-Trekking-Schlafsack und die Ohrstöpsel mitgenommen (Regel Nr. 1), nie die Ohrstöpsel vergessen, das letzte bisschen Privatsphäre. In diesem Hotel, diesen Titel hat es nicht mal verdient, rauchen und saufen unter der Woche Bauarbeiter auf dem Flur und grölen Witze in fremden Sprachen um die Wette. Woher ich weiß, dass es Witze sind?! Das Gelächter (auch mit Ohrstöpsel!). Wäre das jetzt ein Film und kein Buch, dann bitte einmal zurückspulen – denn meistens sieht ein Wochenstart doch so aus:

Montagmorgen, 4.30 Uhr! Mist, verpennt! Sprung ins schon wartende, vorbestellte Taxi. Nie morgens bestellen (Regel Nr. 2), da kriegt man keins, besonders nicht in Hamburg bei Regen. „Zum Flughafen, danke." Wohin fliege ich heute noch mal? Handy herauskramen, ach ja, Berlin.

Am Berliner Flughafen angekommen bin ich relativ fix am Taxistand – also, wenn es einen Triathlon geben würde für die Strecke vom Aufstehen im Flieger bis zum Hinsetzen im Taxi – ich wäre definitiv in der 1. Liga! Tricks werden hier nicht verraten, aber bei der Buchung ist der Sitzplatz entscheidend, nur Handgepäck, Flughafenkenntnisse, rutschfeste High-Heels und los geht's.

Taxi in die Pampa, wieder Kreditkarte, Quittung nicht vergessen, schnell ins Hotel einchecken und den Koffer an der Rezeption abgeben. Auf's Zimmer? Dafür ist keine Zeit. „WAS? Was?" Ach ja, die Ohrstöpsel vom Handy entfernen, wieder in Kontakt treten mit der Gesellschaft, mit anderen Menschen. „Ja, danke. Ja, ich freue mich auch hier zu sein." „Ob ich schon mal hier war?" „Häh?" Immer dieselbe Scheiße bei diesem Hotel. Ich war schon gefühlte hundert Millionen Mal hier. Jetzt erst merke ich, dass ich anfange zu schwitzen, denn wenn die erst in ihrer Datenbank anfängt zu suchen (die muss Excel-basiert sein oder noch im DOS-Modus programmiert), dann ist auf jeden Fall mein Puffer von „Zwanzig-Minuten-in-Ruhevorbereiten-bevor-die-HR-Lady-kommt" dahin. Also heißt es warten.

Wieso gibt es RezeptionistInnen, die einen freundlich begrüßen und mit Namen ansprechen (Trage ich schon mein Namensschild? Nein.) und die, die stur bürokratisch nach deutscher Vorschrift handeln. However, nachdem ich mich namentlich vorgestellt habe, muss ich auch noch meine Privatadresse ins Formular eintragen. Die Postleitzahl? Gott, ich schreibe mir doch nie selbst. Höchstens mal ein Päckchen über Amazon verschicken (die Rechnung an mich und die verspätete Geburtstagslieferung an eine Freundin). Hab ich nachts um halb zwei auch schon mal vertauscht... Sehr peinlich! Und ich hatte mich so auf ein Päckchen gefreut, als ich nach über einer Woche mal obligatorisch an einem Samstag meinen Briefkasten gecheckt habe und eine orangefarbene Karte fand. Bei der Post direkt schon das Päckchen geöffnet. Dann das drei Wochen verspätete Geburtstagsgeschenk für Steffi in der Hand... nun gab es keine Ausreden mehr! Während ich so in mich hinein grinse fällt mir auch noch die Geschichte ein, wo ich mit zwei Kollegen zu einem Kundengespräch geladen war und der Rezeptionist etwas irritiert schaute als wir eintrafen: Dr. Taylor, Herr Dr. Müller und Herr Dr. Schlosser von der Beratung mit Kapitälchen für Herrn Dr. Weber. Cool, wie im Mittelalter: alle Berufsgruppen repräsentiert und wir gehören alle dem Stadtrat an und entscheiden über die

Besteuerung des jährlichen Marktes zur Erntezeit. Ich schweife ab.

Also, nach dem ganzen Hickhack an der Rezeption, schnell noch zur Toilette, Rouge auflegen, Lipgloss nachziehen und nach 4h Schlaf und 3h Reisezeit frisch den Kandidaten entgegentreten, die dich entweder hassen, Angst vor dir haben, dir in den Arsch kriechen oder einfach nur sie selbst sind – in dem Falle verspricht der Tag vielversprechend zu werden. Klamotte sitzt auch? Ja, nee, doch nicht. Scheiße. Die Naht am Hosensaum ist gerissen. Ach, das war ja schon vor der Reinigung so, vergessen. Also doch rauf ins Zimmer und dieses blöde Nähset suchen, gibt's doch in jedem Hotelzimmer. Außer der Bibel und der Minibar (ja, ich habe auch dort nachgeschaut) finde ich nix. Ich krame in meiner Handtasche, irgendwo war da doch noch so ne alte Sicherheitsnadel. Geschafft. Nur, dass ich jetzt beim Gehen ein wenig klimpere, aber das höre hoffentlich nur ich.

Es geht los. Ab zum Konferenzraum. Klimper, klimper. Frühstück kann man hier vergessen, bekomme eh nix runter, auch wenn Motivationstrainer, Ironmans oder sonst wer mir sagen „Frühstück wie ein Kaiser, Mittagessen wie ein König und Abendessen wie ein Bettler". Gut und schön, aber das passt nicht in die heutige Zeit von Managern und Beratern in der freien Wirtschaft oder allen anderen Berufsgruppen, Entschuldigung.

8 Uhr. Pünktlich (also mein pünktlich) treffe ich im Konferenzbereich ein. Von der HR-Lady noch keine Spur. Gut, dann erst einmal Räume checken, auspacken und vorbereiten. Dabei reiße ich mir noch einen Fingernagel ein. Super, kommt bei Frau mit rot lackierten Fingernägeln richtig toll. Wo ist meine Assistenz heute Morgen überhaupt? Handy bimmelt. Mist, den Klingelton vergessen auszustellen. Ups, das ist mein Super-Assi, der separat angereist ist und von der Rezeptionistin festgehalten wird, weil er die PLZ vom Firmensitz nicht weiß. Mann, ein Blick auf unser Geschäftspapier werfen vielleicht?!

8.15 Uhr. Alles vorbereitet, Tische verschoben, Beamer angeschlossen, Namensschilder verteilt, Präse gecheckt, Schulungsmaterialien verteilt. Was vergessen? Nee, nix. Als ich mir die Zeitpläne für alle Beteiligten schnappe, die ich am Wochenende noch mal angepasst habe, weil der Kunde wieder alles umgestellt hat (Anzahl der Beobachter, Teilnehmer und Räume), fällt mir auf, dass ich die alte Version vom Freitag eingepackt habe. Shit. Naja, ich habe einen Super-Assi (auch wenn der heute sehr verschlafen aussieht) dabei, der macht dann eine Just-In-Time-Production (JIT) im Nebenraum. Hoffentlich surrt der Drucker nicht so laut.

8.30 Uhr. Die HR-Lady taucht auf. Noch etwas verschlafen, entschuldigt sie sich fürs Zuspätkommen und fragt, ob sie noch was helfen kann? Sie hätte sich da auch noch einige Anpassungen für den Zeitplan am Wochenende überlegt und ob wir das noch ändern könnten. Klar, gerne. Kein Problem. Warum bin ich Samstagabend nur so spät zur Party gegangen? Ach ja, habe noch 2h für die Zeitpläne benötigt. Gut, dass das für die Katz war. Dann noch etwas Small Talk, aber die HR-Lady ist echt nett. Etwas chaotisch von Zeit zu Zeit, aber ehrlich und authentisch, wenn auch ein wenig angespannt aufgrund der hohen Herren, die da gleich kommen.

9 Uhr. Sind alle da, nur der Kaffee nicht, noch nicht – wie immer. Zu festes männliches Händedrücken, schief sitzende Krawatten (zum Glück keine Motivkrawatten heute dabei und hey, heute auch mal ohrhaarfreie Zone, na dann!), frisch gereinigte Anzüge, blinkende und surrende Smartphones, ein Gemisch aus Davidoff Cool Water, Boss und Litamin-Shampoo schwebt durch den Raum. Alle haben noch gaaaaaaaaaaaanz wichtige Dinge zu tun, genau, Montagsmorgen um 9 Uhr. Wenn man jetzt als mindestens 10 Jahre jüngere, blonde Beraterin den Fehler begeht und Aufmerksamkeit erzwingt: Verloren (Regel Nr. 3)! Es ist doch immer wieder erstaunlich was Gruppendynamik gepaart mit der Macht der Stille für eine Wirkung erzielt. Auf einmal sitzen sie alle brav da – wie Klassenkameraden in der Schule und hören aufmerksam zu – alle highly committed und so was von present. Die Schulung der Exekutives (nein, keine Henker) für das AC kann beginnen, damit die Kandidaten (Teilnehmer) auch

so objektiv wie möglich beobachtet und bewertet werden.

10.30 Uhr. Kaffeepause. Mein Super-Assi hat die Pläne fertig, der Kaffee ist auch eingetroffen. Alles gut?! Bis jetzt ja, aber der Schein trügt immer. Habe das Gefühl irgendwas vergessen zu haben. Aber was?

Nachdem ich am Vormittag alle kniffligen Fragen beantwortet habe, immer noch lächeln kann und nicht den Berater hab raushängen lassen, bin ich zum Teil der Gruppe geworden. Jetzt bringt's echt Spaß! Das sind die Momente, die ich liebe an meinem Job, denn jetzt plaudern alle von ihren Erfahrungen, fragen um Rat und tauschen sich aus. Für mich ist das wie eine eigene Teilnahme an einem Führungsseminar. Pure Weiterbildung.

12.30 Uhr. Lunchbreak. Nix Bedeutendes: nur zwei Kundentelefonate geführt, Mails gecheckt, nicht zu spät im Restaurant aufgeschlagen, nur ein Salat – wie war das mit dem König? Naja, die Herren gönnen sich Grünkohl mit Kassler oder Currywurst mit Pommes. Das eine wird zu Hause von den feinen Manager-Ehefrauen wahrscheinlich nicht gekocht und das andere darf man vor den Kindern heutzutage nicht mit Genuss verspeisen. Der Head of Sales hängt wie alle Vertriebler natürlich zuerst qualmend draußen vor der Tür und telefoniert. Nach und nach folgen die anderen und schwirren wie Ameisen auf Kokain über den Vorplatz. Ich gehe derweil zurück in den Konferenzraum und bereite den Nachmittag vor. Mein

Super-Assi fragt, ob er sich heute Abend nach dem Abendessen verdrücken könne, er habe heute Abend noch ein Date mit einer Internetbekanntschaft. „Klar", meine ich, „bei deinem Einsatz heute Vormittag..." und grinse. Er weiß nämlich genau, was meine Meinung ist zum Thema Privatleben: es gibt noch eines!

13.30 Uhr. Nachdem alle mit einer 10-minütigen Verspätung eingetrudelt sind geht's weiter: Rollenspiele üben. Da ich die Gruppe am Vormittag studieren konnte, habe ich mir gedacht, der Head of Sales mimt in der Übung „Vertriebsgespräch" mal den Kandidaten (Kunden) und der Head of Strategic Buying den Rollenspieler (Vertriebler). Da alle das AC schon kennen und nur die Optimierungen nach dem Piloten (ja so nennt man nun einmal die Projekte, die das erste Mal ausgerollt worden sind) einstudieren müssen, kann ich mich genüsslich in die „leidenschaftslose" Moderation zurückziehen.

Der GM aus USA fand die Leistung des Head of Sales nicht so gut, meint, das funktioniere nicht auf dem amerikanischen Markt. Und bums, startet die Diskussion über interkulturelle Diskrepanzen. Ich hatte das schon früher erwartet. Die HR-Lady wirkt nervös und spielt verstohlen mit ihren High Heels unter dem Tisch. Warum nur? Ah, da fällt mir auch wieder ein, was noch ungeklärt war! Mist, das hätte mir nicht passieren dürfen. Hatte die ganze letzte Woche auf eine Antwort gewartet von HR, ob dies der internationale Standard sein soll (da dieses AC zur

Entwicklung eines internationalen Talent-Pools benutzt wird) oder aber ob im globalen Roll-Out auch lokale Anpassungen erlaubt sind. Der Vorstand hatte sich dazu noch nicht geäußert, obwohl die Konzeption vor drei Monaten abgeschlossen war, der Pilot vor 1 ½ Monaten gelaufen und genau diese Frage immer noch ungeklärt geblieben ist. Der Head of Finance, ein sehr smartes Kerlchen, stellt just genau diese Frage an die HR-Lady. Die krümmt sich und tut in ihrer Aufregung das, was Frauen in Führungspositionen lassen sollten: emotional werden! In die Falle getappt. Das heißt nicht, dass ich ein Verfechter davon bin, dass Frauen sich das männliche Gehabe antrainieren sollten. Jedes Geschlecht hat seine Waffen, aber viele Frauen haben noch zu wenig verstanden, was die ihren sind. Ich versuche ihr mittels Blickkontakt mitzuteilen, dass ich ihr gerne helfen würde, wenn sie mich lässt. Sie lässt mich nicht. Auch so ein Fehler, sich keine Verbündeten zu schaffen. Der Finanzchef wirkt völlig überfordert mit so viel Emotionalität und wirrer Aneinanderreihung von inhaltslosen Phrasen und starrt mich mit großen Augen an. Ich greife ein. Ich beantworte seine Frage. Seine Gesichtsmuskeln verraten eigentlich, dass er noch nicht 100% überzeugt ist und ich stelle schneller als ich sollte die Frage, ob ich seine Frage beantwortet habe „Nein, haben Sie nicht, Dr. Taylor. In keinster Art und Weise!" Super, jetzt möge doch der Boden unter mir aufgehen. Da mischt sich der Head of Sales ein und kann schlichten, obwohl es ja eigentlich keinen richtigen Konflikt gab. Apropos „keinster Art und Weise", kennt ihr diese Typen, die solche Aussprüche korrigieren? Korinthenkacker, am Arsch!

Nach diesem Patzer verläuft alles soweit ganz reibungslos. Aber komisch ist es doch, dass viele (und zu viele gar nie nicht) in einem Training lernen, wie unser menschliches Gehirn tickt und uns massiv beeinflusst bei allen unseren Sinneswahrnehmungen. Also, wenn man mich fragen würde, ich würde sowas ja schon in den Lehrplan der Oberstufe integrieren: die Grundlagen der Diagnostik. Wenn ihr nun denkt, dass ihr immer alles richtig beurteilt und Herr über eure Sinne seid, Pustekuchen! Unser Hirn ist so fucking alt. Und Führungskräfte müssen heutzutage andauernd (nicht nur im AC/DC-Kontext) Personalentscheidungen treffen. Dass das nicht immer die besten Entscheidungen sind, merkt man alleine daran, wie viele Berater und HRler weltweit damit beschäftigt sind, diese Fehler wieder auszubügeln oder Präventivmaßnahmen durchzuführen (wie z.B. Führungskräfte bei einem AC als Beobachter einzusetzen, um zu lernen wie man „observiert, notiert, klassifiziert und evaluiert (das ORCE-Modell, gerne mal googlen). Und Führungskräfte lernen auch, was die Grundlagen einer fundierten, validen Diagnostik sind (wie z.B. Mehr-Augen-Prinzip, Reflexion von Biases und Dominant

Logics, beobachtbares Verhalten vs. Judgements, Kompetenzmodelle etc.)

Optische Täuschungen kommen da immer gut. Ihr kennt die ja zur Genüge, aber wendet das Gelernte mal auf euren Bekanntenkreis oder noch besser auf euch selbst an. Oder: Halo-, Recency- oder Similarity-Effect … herrlich oder? Aber hey, versteht es nicht als etwas, das nur in der Besetzung von Jobs relevant ist, sondern vor allem wie ihr Kollegen, Freunde, Familie und neue Menschen in eurem Leben wahrnehmt, mega spannend. Mein am meisten gebrauchter Slide in fast allen Schulungen, Trainings, Workshops etc. ist der folgende:

Okay, ich weiß natürlich nicht mehr woher ich den ursprünglich habe, sorry, Urheberrechte und so. Aber ich habe den Slide für euch eh ein wenig abgeändert, aber die Message bleibt die Gleiche.

Naja, das bringt mich auch zu dem Punkt, dass die Kunden immer dieselben Schallplatten auflegen, wenn sie einem die Problemstellung erklären. Sie sind so im Tunnel des eigenen Denkens, dass sie keine neuen Perspektiven generieren können und sie sind immer im Erzählmodus – herrlich. Das ist bei Kandidaten auch oft der Fall, die haben ja so ein dezidiertes Bild über sich selbst und befinden sich im Bewerbungsmodus. Naja, wenn die wüssten, dass wir uns doch nur weiter entwickeln können, wenn wir offen für Neues sind. Tja, dann, was wäre dann? Dann hätten die Beratungen ausgesorgt.

Also, hier einmal etwas Missionarisches einer Beraterin (hasse das ja selbst, aber das muss jetzt mal sein):

„When you talk,
you are only repeating
what you already know.
But if you listen
you may learn something new.“

- Dalai Lama -

33

Cut! Sprung!

18 Uhr. Schulungsende! Finito!! Nach 10h AC wieder ins Taxi, Mailbox abhören, Mails machen, Flughafen, Taxi, 23 Uhr daheim. Kurzer Anruf bei Freunden: gut, gut, war heut' kurz in Berlin, klar mit dem Flieger, klasse Stadt, echt.

Ach neceeeeee, das war ja letzte Woche! Jetzt wird zusammengepackt und um 19.30 Uhr ist das Get-Together mit den Kandidaten.

Ich habe was vergessen, ich habe gar nicht erklärt was mich diese Woche noch bis Freitagmittag hier hält: ein internationales AC. Wie soll ich beschreiben was das ist?

Eine Methodik, die ich immer verteidigen musste, sobald Frau ihre Komfortzone aus Psychologen, Beratern und Personalern verlassen hat. Warum eigentlich? So viele frustrierte Teilnehmer können doch gar nicht so schlechte Mund-zu-Mund-Propaganda inszenieren. Oder ist doch der Hesse und Schrader schuld? (dieses Buch wird von zu vielen als „Vorbereitungs-Bibel" herangezogen, sorry). Nein, die Bewerber haben Angst! Schlichtweg Angst! Das ist alles. Ob Geschäftsführer, Einkaufsleiter oder sogar „Head of Finance Rest of the World" (ja, solche Jobtitel gibt es wirklich, typisch bei einem Konzern aus Amiland), Projektleiter oder Hochschulabsolvent – alle haben Schiss. Woher das kommt? „Das würde an dieser Stelle zu weit führen", ehrlich (auch wenn dieser Satz mein

Lieblingssatz war, wenn ich nicht mehr weiter wusste).

Zum Beispiel bei den Berufseinsteigern oder Young Professionals: keiner bereitet diese Menschen auf den Job vor und auf einmal sitzen mir wildfremde Menschen gegenüber, die vorgeben zu wissen, was relevant ist. Tja, Krippe, Kita, Kindergarten, Grundschule, Gymnasium, Uni/FH – lange wurde in mich investiert, denken die meisten, aber wie ich erfolgreich in dem Job bin, für den ich mich jetzt bewerbe, davon habe ich immer noch keine Ahnung. „1er Diplom ergo sum!" Ergo, ich bin geil, ich bin jung, ich bin engagiert und ich möchte noch die Welt verändern. Ach ja, und ich weiß es besser als die anderen. Ja, die Berufseinsteiger haben richtig Schiss.

Das Top-Management lässt meistens nicht zu, dass diese AC-Methodik auf deren Ebene implementiert wird, auch wenn es für Sie argumentativ oft dünn wird, die Durchführung abzulehnen. Wenn sie eines gelernt haben, dann sich so häufig wie möglich hinter ihrer eigenen Position zu verstecken. Das Middle-Management, das muss durch das alles durch. Das sind echt die armen Schlucker in der freien Wirtschaft. Keiner kennt sie, sie reißen sich jeden Tag den Arsch auf, haben Druck von allen Seiten, zu wenig Entscheidungsspielraum und haben gerade so die 100k Gehalts-Hürde genommen. Die haben richtig Schiss, weil sie so sehr um ihren Job bangen, dass selbst Development Center (DC) als verstecktes Auswahl-AC gewertet werden. Ist aber auch nachvollziehbar, wenn man Anfang 40 ist, zwei Kinder und eine Frau hat, ein Haus abbezahlen muss und die Geliebte in Frankfurt auch noch Wünsche hat. Da wird die blonde, junge Dame (ich) doch sehr misstrauisch beäugt.

Wie verhalten sich solche Personen denn dann? Die einen sind die lockersten, coolsten, arrogantesten A..., die es auf der Welt gibt – das denkt man (frau) als erstes. Aber leider erahnt man, was sich hinter diesem Pfauenverhalten verbirgt und das ist leider sehr traurig, manchmal sogar bemitleidenswert. Wenn die Kandidaten dann auch noch checken, dass der Berater das checkt, dann wird es erst richtig spannend. Aber dazu später ggf. mehr.

AC – Assessment Center, ein Diagnostikinstrumentarium. In einer wissenschaftlichen Arbeit würde jetzt sowas stehen wie: AC: Begriffsbestimmung, Ursprünge, Abgrenzung, Konzeption, Anforderungsanalyse, Übungspalette, Verhaltensindikatorgestütztes Verfahren, Sonderformen, Einzel- und Gruppen-Assessment Center, Management Audit. Und wer es jetzt noch nicht blickt, hey, immer auf die Gütekriterien achten bei allem was irgendwie am Markt ist (als Dipl.-Psych. muss das hier stehen, alles andere wäre Verrat und gleichzeitig ein Vertrag mit hanebüchenen Heilpraktikern, selbst ernannten Life-Style-Coaches und diversen andern zwielichtigen Gestalten und Anbietern am Markt). Herrliche Formulierung, am Markt, am Markt, am Markt. Alle reden drüber, wissen alles drüber, aber keiner ist je da gewesen. So, nun aber, Gütekriterien: Durchführungs-objektivität, Auswertungs- und Interpretationsobjektivität, Reliabilität, Validität, kriteriumsbezogene Validität (na, habe ich dich schon verloren? Oder eher beeindruckt?), Konstruktvalidität, Soziale Validität usw. usw. usw… Wenn das alles fundiert untersucht ist und auch in die Anwendung einfließt, dann macht ein AC oder DC wirklich Sinn – für alle Beteiligten – aber auch nur dann.

Wo war ich? Wie spät ist es?

19.30 Uhr. Get-Together. 10 Kandidaten aus vier Kontinenten tummeln sich fröhlich, ein wenig vom Jetlag geprägt um das Fingerfood. Die Beobachter sind dazwischen: nur der Altersunterschied macht jetzt noch deutlich, wer die nächsten Tage was für wen tut (und natürlich auch die unterschiedlich farbig markierten Namensschilder). Ein buntes Miteinander, wären da nur nicht zu häufig die Kandidaten, die ein paar Päckchen mehr zu tragen haben. Es wird sich beschnuppert, und damit noch nicht genug. Fremde Menschen vergleiche ich gerne mit Tierarten. Wenn wir denn alle so gemeinsam an der großen Tafel sitzen und das Menü gereicht wird, dann sehe ich Kanarienvögel, Biber, Hamster, viele Erdmännchen, Tauben, Bären und Hasen. Aber selbst wenn alle einer Tierart angehören würden… ist doch irgendwie wie im Zoo, da stopft man ja auch alle möglichen Tiere einer Art aus aller Welt in ein Gehege und glaubt, dass die sich verstehen – schon mal was von

Dialekten und Sprachen gehört – die Giraffen aus Kenia, Uganda und Tansania sprechen doch nicht alle Suaheli.

Mir macht dieser Vergleich immer Spaß, allerdings habe ich noch keine ehrliche Antwort darauf bekommen, welche Tierart ich darstelle. Das Einzige was ich mal als Vergleich innerhalb unserer Tierart gehört habe und das ich jetzt mal als Lob aufgenommen habe, war der Vergleich mit einer deutschen Moderatorin: Barbara Schöneberger. Ich habe zwar einen wesentlich kleineren Balkon und ein viel größeres Hinterzimmer, aber meine fröhliche, extrovertierte Art soll es wohl sein. Puh, gut dass nicht wieder das Wort „dominant" fällt. Auch das Thema verschiebe ich mal an dieser Stelle, aber ich werde es wieder aufgreifen, nicht versprochen.

Habe ich da gerade was klimpern gehört als die HR-Lady kurz „wohin" musste? Oder war das mein Klimpern? Nee, meines klingt anders. Ich glaub´s ja nicht, die hat auch nachgeholfen. Ansprechen werde ich sie darauf lieber nicht!

However, ich hatte noch einen schönen Abend. Abends noch schnell geduscht und ja, ich nehme immer mein eigenes Duschgel mit. Andere sammeln die kleinen Packungen der Hotel-Badezimmer ja sogar. Manche nehmen sich sogar die Teebeutel mit… Mann, oh Mann… Gute Nacht!

Am nächsten Morgen geht's dann wieder los. Mein Super-Assi hat alles im Griff – aus dem wird bestimmt mal was! Wir laufen so strukturiert durch den Takt: Interview, Pause, Rollenspiel, Pause, Mittagessen, Rollenspiel, Pause, Gruppendiskussion, Pause, Interview. BÄHM, Ende. So vergehen die nächsten zwei Tage wie im Rausch. Was gibt's Neues in der Welt? Was macht meine Familie? Wie geht's meiner Freundin in Wiesbaden? Nicht mal Zeit zu texten oder zu telefonieren. Egal, ist ja fast geschafft. Kunde scheint zufrieden und die meisten Kandidaten waren auch brillant.

Da fällt mir doch ein Kandidat ein, den es zu erwähnen gilt (ich entschuldige mich jetzt schon einmal im Voraus für das kleine Grinsen & den kleinen Auslacher, den ich leider nicht objektivieren konnte, der zwar außerhalb der Bewertungsmatrix lief, aber noch für so manchen Running Gag unter den Beobachtern herhielt): „in einem unbekannten Raum, vor gar nicht allzu langer Zeit, war ein Kandidat sehr bekannt, von dem sprach alles weit und breit…" Oder anders: „es begab sich zu einer Zeit, als ein Gebot vom Vorstand ausging, dass alle Führungskräfte geschätzt werden…" Kurzum, es ist schon etwas her und damals benutzten einige Kunden noch Overheadprojektoren, weil es „billiger" war. Was das für einen Eindruck auf junge Trainee-Anwärter macht, sei jetzt mal dahingestellt.

Die Kandidaten sollten eine kurze Präsentation vorbereiten, als Hilfsmittel hatten sie Folien und Stifte. Gute Berater testen solche Geräte ja vor Inbetriebnahme, daher habe ich den besagten Projektor kurz in der Pause angeschaltet und nach einem kurzen puffähnlichen Geräusch und etwas Geruch dann wieder aus. War dann zwar alles wieder okay, aber ich habe meinem Super-Assi Bescheid gesagt, dass er dieses Gerät asap austauschen lassen soll – aber das Hotel hatte kein Ersatzgerät. Nun gut. Die Beobachter setzen sich, man spaßt und versucht sich bei Laune zu halten, um auch der sechsten von acht gleichen Präsentationen in drei Stunden die notwendige Aufmerksamkeit zukommen zu lassen. Unterlagen liegen bereit. Ein Beobachter hustet. Oh je, wie gut das ich immer meine Fisherman's dabeihabe (Kaugummi kauen geht ja nicht in so einer Veranstaltung). Wieder einmal einen der Herren glücklich gemacht („Sie denken aber auch an alles, Dr. Taylor!"). Die Luft zum Atmen ist gut, die Stimmung steigt, es kann losgehen. Der Kandidat (ich nenne ihn jetzt mal Thomas) kommt aufgeregt hereinspaziert (Ich liebe ja diesen Moment, wenn Kandidaten durch die offene Tür den Raum betreten. Es hat etwas Magisches was sich da vollzieht: die Erregung steigt bei jedem Schritt, das Adrenalin pumpt durch die Adern, der Blutzucker hat das Optimum erreicht in allen nun notwendigen Arealen des Gehirns, das Rückgrat wird durchgedrückt, der Blick richtet sich auf, Showtime: „Lass ihn raus den Tiger, zeig

Ihnen dass du es kannst, denn Frosties schmecken so, die wecken den Tiger in dir – und dir!"). Ich schweife ab.

Ich heiße Thomas willkommen, erkläre ihm den Ablauf, den Zeitrahmen, wie der Projektor funktioniert (mit dem Hinweis, diesen erst einzuschalten, wenn er ihn wirklich nutzen muss, da er doch leicht defekt zu sein scheint und ggf. wieder aus, wenn er diesen nicht mehr braucht). „Ob er alles soweit verstanden hätte?" „Ja, selbstverständlich." Für einen Sekundenbruchteil breitet sich Ruhe aus in einem Raum in dem drei Führungskräfte einer potenziellen Nachwuchsführungskraft gegenübersitzen und gespannt der Stille lauschen. Mit einem viel zu lauten „Guten Morgen, die Herren und ähm… der Dame, also, Guten Morgen meine Damen und Herren…" beginnt Thomas seine Präsentation, dreht sich um, drückt den Knopf am Overheadprojektor (gerade mal gefühlte zwei Sekunden nachdem er zu verstehen bekommen hat, dass er diesen so wenig wie möglich benutzen soll), dreht sich wieder zurück, und will seinen Vortrag mit seinen einleitenden Worten: „Ich habe…" beginnen. Weiter kommt er nicht, da der hustende Beobachter einen Lachanfall bekommt von dem gerade demonstrierten „Hören statt Zuhören" (übrigens finde ich es im Englischen schöner: listening not hearing).

Der ausgehustete Fisherman formt einen anmutigen Parabelflug und landet kurz vor dem Kandidaten (dem ich doch lieber keinen Namen gebe, ist doch eine bescheuerte

41

Idee gewesen). Jetzt gibt es kein Halten mehr – alle prusten los, sogar der spießige Typ (kennst du diese Typen, die, wenn sie sich setzen, wie „Sitzzwerge" aussehen? – ist ein anderes Thema – vielleicht greife ich es später noch mal auf, vielleicht auch nicht) lacht was das Zeug hält und der Kandidat versteht die Welt nicht mehr. Klar haben wir alles aufgelöst, der Kandidat durfte sich noch einmal sammeln und von vorne beginnen, nach dem ich gelogen habe, dass wir alle nur über den Huster des Beobachters und den Fisherman gelacht haben. Ich gestehe hiermit eine Notlüge ein. Aber wie war das? „Im Zweifel für den Kandidaten." Warum bin ich nur so ehrlich? Als der Kandidat dann wieder in Fahrt war und alles sehr gut lief, da fing es auf einmal hinter ihm an zu qualmen, dann ein kleines „Puff", und der Projektor gab seinen Geist auf. Jetzt lachten alle – auch der Kandidat! Damit ging diese Präsentation in die AC-Geschichte ein! Wie gut, dass es jetzt nur noch Beamer gibt, die habe ich bisher noch nicht rauchen sehen. „Die nachfolgenden Sendungen sind für Zuschauer über 18 Jahren geeignet" Ach Quatsch, das war wohl ein Freudscher Versprecher. Ich meinte „Die nachfolgenden Sendungen, ähm Übungen, verschieben sich um 15 Minuten." Aber das hat mein Super-Assi auch im Griff, heißt einfach nur, dass alle Kandidaten später mit den Vorbereitungen beginnen müssen. Sprich: alle Zeitpläne (die der Teilnehmer, der Beobachter und der Masterplan) müssen Excel-basiert umgebastelt und neu gedruckt werden –herrlich, aber er hat alles im Griff!

Nach dem AC ist vor dem AC. Nachdem die Kandidaten alles gegeben haben, sich durch alles wirklich hart durchgekämpft haben und man selbst ungefähr zwanzig Rollenspiele, zwei Gruppendiskussionen und fünf Interviews geführt und beurteilt, sowie diverse andere Dinge im Hintergrund koordiniert hat (die dem Kunden nicht auffallen sollen) kommt die Kür-Übung: die Beobachterkonferenz. Es wollen doch immer alle wissen, was da hinter verschlossenen Türen sich über Stunden ereignet. Voilà, ich lüfte mal das Geheimnis!

21 Uhr. Beobachterkonferenz. Nach dem Abendessen setzen sich alle Beobachter, die Berater und ggf. eine HR-Lady, die ab 22 Uhr gerne ein Glas Rotwein zu viel kippt, in einem zu kleinen Raum, mit immer falsch eingestellter Aircondition, auf Stühlen, die nicht zum Konferieren geeignet sind, zusammen und diskutieren die Ergebnisse. Wenn die Beobachter gut geschult sind, dann bringt das wirklich Spaß. Dann wird das Bemühen sichtbar, alle Kandidaten fair und gerecht zu beurteilen und ihnen ein dezidiertes Feedback angedeihen zu lassen. Wenn nicht... ab diesem Punkt mach' ich mir keine Freu(n)de, aber hat einer mal eine wissenschaftliche Studie gemacht zu Bewertungen und Uhrzeiten, Schlafmangel, Blutzuckerspiegel, Stuhlkomfort und Raumtemperatur? Ich kann für mich sagen, dass ich mit meinen Kollegen

alles gegeben habe, wir haben immer für alle Kandidaten eine faire und gerechte Beurteilung herausgearbeitet — aber irgendwann ist man und frau auch irgendwie durch.

Wenn die Witze immer flacher werden, um wach und objektiv zu bleiben: Witz-Frage: „nenn mir ein Wort mit 5 S's?", Witz-Antwort: „Assesses"!

Nach 4,5 Stunden Beobachterkonferenz (man hat sich für jeden Kandidaten geschlagene 20min Zeit genommen, die Gesamtergebnisse besprochen und eine finale Entscheidungsrunde durchgeführt) ja, ja dann so um 01:30 Uhr habe ich mal den Drucker mit an mein Bett genommen, den Lappi auf Standby, Papier eingelegt und mir Gute Nacht gesagt. Nach 3,5 Stunden Schlaf dann den Arm ausgestreckt, Passwort nicht vergessen, und dann den Druck gestartet: pro Kandidat ca. 4 Seiten Feedback-bögen, die auch die Grundlage für die Ergebnisberichte sind, sprich 40 Seiten drucken, nochmal umdrehen und hoffen, der neue mobile Drucker hält was er verspricht.

Nach einer ruhigen Nacht also nur noch duschen, Make-Up in the Face, Koffer packen, die Sicherheitsnadel doch lieber durch Kreppband (doppelseitig gefaltet) am Saum ersetzen und schon mal an der Rezeption auschecken.

Das wird sonst zu spät später, auch wenn Rezeptionisten da immer noch ganz verwirrt sind, wenn man so gegen 6 Uhr auschecken will. Ich habe meine Rechnung diesmal in einem Umschlag bekommen (darin unterscheiden sich für mich z.B. die guten und die nicht so guten Servicekräfte an der Rezeption! Wo soll ich denn dieses Blatt Papier hinstecken, wenn ich so viel unterwegs bin, es nicht völlig zerknittern soll und dann voll mit Kaffee und halb zerrissen an die outgesourcte Reisekostenabteilung nach Polen geschickt werden soll? Außerdem eignet sich der Umschlag vorzüglich dazu, alle anderen Quittungen zu sammeln. Datum auf den Umschlag und dann kann ich auch noch Wochen später alles zuordnen. Also, liebe Rezeptionisten, gebt BeraterInnen immer einen Umschlag, sie werden euch für immer dankbar sein.

Dann noch die Unterlagen schon mal in das Auto der Assistenz gepackt. Der fährt direkt weiter nach München zum nächsten Termin mit einem anderen Kollegen, ich fliege heute Abend endlich wieder zurück nach Hamburg.

Achso, apropos Rezeptionisten. Was ist das genaue Gegenteil von Servicepersonal in ähnlicher Funktion? Wachmänner! Wachmänner auf dem Firmengelände des Kunden. Denn es gibt ja auch Kunden, die das Assessment Center (AC) „in ihrem Hause" durchführen wollen. Wachmänner, die dich sichtlich irritiert anstarren wie eine Fata Morgana, wenn du, blond, frisch herausgeputzt mit gespielter guter Laune des nachts bei ihnen auftauchst. Ja, jetzt ratet mal wie spät es ist, na?! 6.30 Uhr? Richtig! Habe ich die private Nummer vom Hausmeister dabei, falls der Wachmann mir jetzt in die Quere kommt? Yes, nicht vergessen, kann hier wirklich Gold wert sein, ich spreche aus Erfahrung. Aber jetzt erstmal an der gesamten übernächtigten (männlichen) Eingangs-Wachmannschaft vorbei. „Moin" sag' ich, die nicken nur.

Dann hat der wichtige (oder gewichtige) Wachtmann mich nicht nur ausgefragt wie bei einer US-Grenzkontrolle, nein, er hat auch noch wie beim Security Check am Flughafen gefragt, ob ich Computer dabeihätte. Ja, wie immer 5 Stück. Ob er die mal sehen kann? „Nein!" sag' ich, nehme mein Name-Tag und geh einfach zum Ausgang. Natürlich macht er mir jetzt nicht mehr die große ferngesteuerte Tür auf, sondern ich muss mich durchs Drehkreuz schlagen. Aber egal. Ich bin drin!

Wenn ich heute Abend wieder raus will, wird sich sein Kollege beschweren, dass ich so lange gar nicht auf dem Gelände sein durfte, maximal 10h. Dass das ja nicht wieder vorkommt, brüllt er dann jedes Mal. Dass ich dafür nicht verantwortlich bin und bestimmt anderes zu tun habe als genüsslich zu warten bis mehr als 10h rum sind auf deren Gelände, ist ihm wohl noch nicht in den Sinn gekommen. Und warum erwische ich mich in solchen Momenten dann auch noch bei dem Gedanken, warum ich eigentlich nicht so eine Frau bin, die mit all dem Gepäck und dem Gerödel Männer von ihren Sitzen aufspringen lässt, um der armen Gazelle zu helfen...

DER KANDIDAT

Ja, das ist so eine Sache – Kandidaten gibt es so viele verschiedene, ich weiß gar nicht wo ich anfangen soll. Aber clustern kann man Menschen ja immer schön, immer schön in Schubladen packen, die wir uns selbst in unserem Leben gebaut haben. Okay der Fairness halber fange ich mal mit mir an:

„Diplom-Psychologin, Anfang 30, blond, Frau, schlank, im Kostüm, weiße Bluse, High Heels, freche Schnauze. Aber, von der echten Welt hat die ja noch nicht viel gesehen. Was weiß die denn schon? Wie kann die mich denn beurteilen? Die kennt meinen Job doch gar nicht. Und die entscheidet jetzt darüber ob ich den Job kriege? Meine Fresse. Aber süß ist sie ja, und intelligent auch. Die würde ich gerne mal… naja, aber ein bisschen tough. Die hat bestimmt Haare auf den Zähnen. Psychologin? Pffffffff, das studieren doch nur die, die sich autodidaktisch ihren Problemen stellen wollen oder sowieso ganz verkorkst sind oder ein ausgeprägtes Helfersyndrom haben."

Nun zu den Kandidaten, da gibt es:

a) die alle gleich aussehen… da macht man sich auf seinem Interview-/Beobachtungbogen so kleine Notizen: Brille, Glatze, dicke Hände, Sitzzwerg, arroganter Irgendwas, der Kleine, der Große – aber mal ehrlich, wie soll man denn sonst Abteilungsleiter von z.B. renommierten Kaufhäusern auseinander halten, die sich alle auf den Job des Filialleiters bewerben, die alle das gleiche weiße Hemd, den gleichen gelben/grünen Schlips, den gleichen blauen/schwarzen Anzug und die gleichen silbernen/goldenen Namensschilder tragen, die auf die Entfernung nie zu lesen sind, MERKEN??? Wie soll das gehen, da muss man sich doch „Donkey Bridges" bauen.

b) alle aus einem anderen Kulturkreis... zum Beispiel will eine bekannte Kosmetikfirma Trainees aus aller Welt einstellen, unter anderen gerne auch junge Menschen aus Asien – und was wird nicht bedacht, dass es in der Case Study um die Vermarktung und den Vertrieb von Sonnencreme geht – ja, damit kennen die sich ja super aus im Verhältnis zu den anderen internationalen Kandidaten – naja, Problem wurde nach dem ersten Trainee-AC erkannt. Lösung: es gab eine westliche und eine östliche Variante, die Kandidaten durften selbst wählen: Sonnenschutzcreme oder Whitening Lotion – genial gelöst von uns, gell?! (s. auch S. 114)

c) die, die sich immer hervortun... sie glauben aus der Masse herausstechen zu wollen... dann bleibt man ja im Gedächtnis und hat vielleicht einen Vorteil – tja, dass sie damit mehr unter Beweis stellen, wie extrem competitive sie sind und wenig kooperativ, ist eine andere Sache und bei professionellen Beobachtern wird das Verhalten außerhalb gar nicht bewertet, sondern wie bei Men in Black neutralisiert – ähm, geblitztdingst... also alles umsonst mit der Mühe – sowas aber auch.

d) linke Tür, rechte Tür Kandidaten... bei einem Einstellungs-AC gab es nach dem individuellen Feedback (gleich am nächsten Tag noch im Hotel) zwei Räume für Kandidaten – einen in dem HR mit Vertragsangebot saß und einen in dem man nur ein Dankeschön bekam... tja, welche saßen wohl links und welche rechts?

e) die, die Angst haben... aber nicht davor, dass sie nicht befördert werden, sondern weil eine ganze Karriere (für sie ein ganzes Leben) am Ergebnis des ACs hängt. Das vergessen die Berater gerne mal, also welche Konsequenzen deren Entscheidungen so haben. In einem Feedbackgespräch ganz zu Anfang meiner großartigen Beraterkarriere ist mir das zum Glück passiert... eine Frau erzählte mir, dass sie sich nur für das Development Center beworben hat, weil sie unbedingt aus ihrem Bereich raus will. Weil ihr Chef sie schon seit Monaten mobbt und sie schon mit HR gesprochen hat, die aber nix machen können und sie das als einzige Möglichkeit sah, da weg zu kommen. Das muss man sich mal vorstellen, bewirbt sich für den Führungsjob, will den gar nicht, ackert sich eine Woche durch das DC, in der Hoffnung, vor einem Arschloch-Chef zu entkommen. Sie entkam nicht und Tränen flossen. Ich hätte sie am liebsten in den Arm genommen, aber das ging nicht, irgendwie nicht. Heute würde ich es machen, scheiß doch auf Regeln, die Frau hätte einfach mal jemanden gebraucht!

f) die, die noch nie Feedback bekommen haben... die könnte man zwar auch noch in Unterkategorien aufdröseln, aber das wäre zu viel, wenn man die verzogenen Elitekinder, die Einzelkinder, die unantastbaren Narzissten, die Neurotischen etc. noch extra clustern will. Aber einmal, da gab es eine Frau, die hat natürlich die simple Feedbacktechnik (positiv/negativ/ positiv/negativ) entweder kompetenz- oder übungsbasierend sofort verstanden und sich ab der ersten kritischen Rückmeldung auf den Boden gelegt und wie ein Kind angefangen zu stampfen und zu heulen. Tja, was macht man da, wenn die Top-Managerin sich in ein naives kindliches Monster an der Aldi-Kasse verwandelt? Einfach weitermachen. Keine Wirkung. Weitermachen. Keine Wirkung. Am Ende setzt sie sich wieder hin, tupft sich die Mascara aus dem Gesicht und geht. Wirkung auf mich? Kolossal. Wirkung auf sie? Null.

g) die, die immer das letzte Wort haben... egal ob man in Rollenspielen oder Präsentationen Fragen stellt oder im Feedbackgespräch Stärken und Schwächen aufzeigt, sie haben immer eine Rechtfertigung, einen Kommentar, wollen sich erklären. Warum? Wenn man auf der Metaebene (schönes Wort, oder?!) Feedback gibt (und zwar nach der neuesten Feedbacktechnik): SBI – Situation, Behaviour, Impact: gerade jetzt hier im Feedbackgespräch kommentieren sie unaufgefordert jede meiner Aussagen, das könnte von anderen als

Rechtfertigung aufgefasst werden – was denken Sie darüber? Na, die Schlauen wissen es jetzt schon. Klar, sie rechtfertigen sich oder sie sind so perplex, dass sie das erste Mal einen „Blind Spot" zurückgemeldet bekommen. Das ist auch immer herrlich, dieser Moment, wenn es ein wenig heller wird im Raum, weil eine Glühbirne über den Köpfen der Kandidaten schwebt, die so langsam immer klarer anfängt zu leuchten...

h) die, die gar nicht erst kommen... das habe ich noch nie verstanden, wie kann man nicht absagen und einfach nicht erscheinen – ist das Arroganz, Unsicherheit, Dösbaddeligkeit, Verträumtheit – was denn? Wenn mich Cisco, Microsoft oder andere geniale IT-Schmieden zu einem AC einladen für eine Position, die es nur 3–4 Mal in Europa gibt und ich von zig hundert Bewerbern eingeladen werde – dann geh ich da nicht hin und ich sag auch nicht mal ab?? HALLO GEN Y! Das geht echt nicht! Und außerdem, wie soll ich denn bitte schön, nach 4 Stunden Schlaf, 3 Stunden Flug von Hamburg nach Dublin, ein Trainee-AC für einen amerikanischen IT-Konzern durchführen, zu dem 10 Kandidaten eingeladen sind, aber nach einer halben Stunde Wartezeit, immer noch nur vier Kandidaten dasitzen? Wir Berater sind ja auf alles vorbereitet. Wir haben immer zu viele Unterlagen dabei. Immer ein bis zwei Reserven an Slide Decks. Wir haben 10er Zeitpläne für Gruppen ACs wie diese, wir haben auch Notfall 8er Pläne und ja, wir sind ja vorbereitet, wir haben auch 6er Zeitpläne (für 6 Kandidaten, 2 Beobachterteams, 5 Übungen inkl. Gruppenübung an einem Tag und x Kompetenzen). Das ganze Set ist eine geniale logistische Meisterleistung. Und dann, verdammt, tauchen nur 4 Kandidaten auf – WTF!!!! Dann ist sofortige, klare Aufgabenverteilung gefragt: ich schnappe mir die HR-Lady und die Führungskräfte und erzähle unterhaltsame Geschichten und verschiebe den Anfang um eine weitere halbe Stunde, so dass uns dann eine ganze Stunde fehlt. Tja, das können auch wir Berater uns nicht vorstellen. Aber gut, mein Super-Assi (intelligenten Praktikanten sei Dank) schafft es in nur 35min neue Zeitpläne in Excel zu basteln, zu drucken und an uns alle auszuhändigen (Masterplan für sich selbst, Beobachterzeitpläne und schicke neue Pläne für die Kandidaten mit Logo und so). Geschafft! Es kann losgehen. Da 3 Plätze zu vergeben waren hat nur einer das Rennen nicht gemacht.

Ich könnte jetzt noch weiter so erzählen von **i)** bis **z)** aber bevor ich zu **z)** komme: Kandidaten sind ja dann oft „Vor-Gesetzte" und manchmal auch mal zukünftige „Vor-Stände" – die einen „sitzen" und die anderen „stehen"?! Ver„steht" sich!!

Nennenswert in diesem Zusammenhang ist auch die Begrifflichkeit „Abteilung/Department" – da können noch so viele Change Initiatives und Team Buildings natürlich gar nicht fruchten, wenn es solche bekloppten Bezeichnungen gibt. „Ab-Teilung", abgeteilt – von was denn – von dem Rest des Unternehmens? Von anderen? Von anderen Abteilungen? Wenn alle sich abteilen? Was teilen die sich dann? Gibt es denn nur noch Teile? Also, die Summe von Teilen ist doch dann mehr als das Ganze. Was ist denn das mehr der Abteile?

Unternehmen nehmen sich was vor, das heißt dann Strategie, ach nee, unter, die nehmen sich was unter, Unter-Nehmen, nicht vor, dann hieße es ja Vor-Nehmen. Ab-Teilungen und Stehende-Vor (Vor-Stände) machen es denen, die Mit-Arbeiten und denen, die Vor-Sitzen (Vor-Gesetzte) … ähm, nochmal: alle nehmen UNTER oder sich was VOR und machen oder arbeiten MIT und oder sitzen oder stehen VOR. Und das nennt sich dann Kapitalismus?! Verwirrungs-Emoji, viiiiiiiiieeeeeeeeele Verwirrungs-Emojis…

So, jetzt aber, ich springe mal zu z:

z) die, die einen nie vergessen… dazu muss ich kurz ein wenig ausholen:

Ich fand es immer klasse, wenn ich auch mal einen Abend während eines 4-tägigen Assessment Centers frei hatte und sich bei all dem Gereise die Möglichkeit bot, alte Bekannte wieder zu sehen. Am besten geht das mit ehemaligen Kollegen oder anderen Beratern. Die finden das nämlich nicht komisch, wenn auf einmal spontan abends das Telefon klingelt und man fragt, ob man Lust auf ein Bierchen hat. Ehemalige Freunde, die lokal verhaftet sind, haben da schon eher Probleme: Wie? Jetzt? So spontan? Was mach ich mit den Kids? Wo? Wie? Nee, das geht so nicht. Außerdem kam dann unterschwellig dieses, „sonst hast du dich doch auch nicht gemeldet und jetzt soll ich springen, nee, so nicht." Btw (by the way): Wieso halten sich Beratungsunternehmen ihre Kunden immer weit weg? Arbeitest du in Köln, sind die Kunden in Frankfurt. Arbeitest du in Frankfurt sind die Kunden in Hamburg. Arbeitest du in Hamburg sind die Kunden in Berlin. Arbeitest du... ich denke, du verstehst was ich sagen will. Aber hey, dann fährst du halt jahrelang die A3 von Köln nach Frankfurt in knapp über einer Stunde, um dann ein paar Jahre später jahrelang von Frankfurt nach Köln zu düsen, herrlich. Ich fahre die mittlerweile wie im Schlaf, immer noch – ist wie Schwimmen, verlernste nicht! Ich schweife ab.

Also, ich kam rechtzeitig abends raus und wusste, dass ein ehemaliger Kollege auch irgendwo in der Nähe von Frankfurt diese Woche ein AC durchführte. Wie immer war „irgendwo" so ein verstaubter Kurort mit „Bad" im Titel. Aber gut, wir hatten uns verabredet. So gegen 20 Uhr wollte ich ihn vor seinem Hotel einsammeln und dann wieder zurück nach Frankfurt, um einen leckeren Cocktail oder so zu trinken (klar, alkoholfrei, was habt ihr denn gedacht).

Ich lasse mal außer meinem Handy alles zurück und fahre zu seinem Hotel. Raus aus der Beraterkluft, rein in die Jeans und los geht's.

Ich cruise gemütlich über die Landstraße, lasse mal meine Kunden und alle AC-Teilnehmer und meinen Super-Assi hinter mir. Die Musik drehe ich auf, laut, sehr laut, noch lauter. Das tut mir irgendwie immer gut. Und dann singe ich mit Inbrunst und gestikuliere wild wie ein Popstar auf der Bühne hinter meinem Lenkrad herum. Wenn mich jetzt einer sehen könnte... Ich gebe mein Playback-Gestikulieren gepaart mit Live-Mitsingen zum Besten. Die Liedpassagen, die ich das erste Mal gehört habe, als ich noch kein Wort Englisch sprach, singe ich immer noch so wie damals: „Eyes shut Cherie, but I did not shooot the deeepeeetee". Ähm, das ist Bob Marley und eigentlich gehen die lyrics so "I shot the sheriff, but I did not shoot the deputy". Als ich mir das mit der Zeit dann auch irgendwann mal eingestand, fand ich die misheard lyrics auf YouTube phänomenal. Mein Favorit ist „du musst besoffen bestellen".

Als ich dann völlig verspätet beim Hotel vorfuhr stand mein Ex-Kollege schon draußen (dabei raucht er doch gar nicht) und kam direkt auf mein Auto zu gerannt. Groß, durchtrainiert, gut gekleidet, aber vor allem smart. Warum macht mich Intelligenz am meisten an bzw. wenn man jemanden kennenlernt, der alles hat, aber bei dem einige Synapsen nicht so geölt sind, dann ist es vorbei. Und das

sagt hier jemand, der sehr durchschnittlich aufgestellt ist –
also hoffentlich irgendwo zwischen der ersten (+1s) und
zweiten Standardabweichung (+2s) – als Diplom-
Psychologin muss ich das so sagen.

Egal, der Ex-Kollege springt elegant und sportlich wie er
nun mal ist in mein Auto/Auge und ruft schon beim
Türöffnen „FAAAAHR!!!", „Faaaaahr los!!!" Ich mach
wie mir gesagt, lege den ersten Gang ein, trete auf das
Gaspedal und presche los, ich faaaahre wie ein Blitz, fahre
wie ein Krimineller nach einem Banküberfall. Oh Mann,
nachdem ich überhaupt nicht mehr weiß, wo ich gerade
bin und wir uns irgendwo in dem Autobahnnetz um
Frankfurt vollkommen verfaaaaaaahren haben, frage ich
doch mal nach „Was war denn das jetzt?" Er grinst mit
seinem bezaubernden Lächeln und den süßen, klaren
durchdringenden Augen und erzählt, dass er gerade das
Führungs-AC bei einem ehemaligen Kunden von mir
moderiert, das Gruppen-Assessment Center (AC) für die
erste Führungsebene. Als er dann eben draußen vor dem
Hotel auf mich wartete, kam eine Kandidatin zu ihm, sie
hatte wohl Vertrauen gefasst und wollte dem schmucken
Ex-Kollegen ihre Wehwehchen, ähm, ihr Herz
ausschütten oder vielleicht extra punkten oder einfach nur
ganz ehrlich ihre Ängste teilen (wie gesagt, da haben wir
Berater immer gern ein Ohr, Zeit oder sonst was für, pah,
drauf gesch…).

Sie erzählte ihm, dass sie vor zwei Jahren schon einmal an dem gleichen firmeninternen AC teilgenommen hat, aber durchgefallen ist und dann dadurch zwei Jahre verloren habe. Und das alles nur, weil damals eine Beraterin dabei gewesen ist, die sie auf dem Kieker hatte. Die konnte sie (also die Kandidatin) von Anfang nicht leiden, die hat sie auf jeden Fall schlecht bewertet und dadurch das Gesamtergebnis so beeinflusst, dass sie durchgefallen ist. Zwei Jahre, könnte er sich das vorstellen? Zwei Jahre harte Arbeit und jetzt ist sie (die Kandidatin) wieder dabei und diesmal wird sie es schaffen. Sie hatte schon Angst, dass diese Beraterin, diese Taylor wieder dabei ist. AAAAAAAAAAAAAHHHHHHHH!!!!

Es war 19:58 und mein Ex-Kollege wusste, dass diese Dame niemals ihre „biases" bzw. ihre „dominant logics" oder auch „ihre Realität" gesund hinterfragen könnte, wenn ich, also diese Taylor, („die ihre Karriere versaut hat") genau in jenem Moment hier vorfährt. Dann wäre nicht nur der Kollege, das Verfahren, die Beratung unten durch, sondern vor allem die Dame reif für eine Therapie. Ich hatte aber mal wieder Verspätung und kam erst um 20.02 Uhr an, da war die Dame gerade reingegangen und mein ehemaliger Kollege hatte mich nebenbei schon drei Mal heimlich auf dem Handy angerufen... aber ich war ja am laut am Singen.

Ich möchte mich an dieser Stelle noch einmal ausdrücklich an diese Kandidatin (deren Namen ich nie erfahren habe) wenden. Was auch immer an meinem Verhalten diesen Eindruck bei Ihnen erweckt haben sollte, ich weiß nicht worüber Sie reden und kann mich auch gar nicht mehr an Sie erinnern. Sorry, tut mir echt leid. Aber das ist the Truth und meint, ich habe so etwas nie getan und das ist jetzt keine „sozial erwünschte Antwort" wie in einem Fragebogen.

Wir, also mein Kollege und ich, hatten noch einen schönen Abend zusammen, wir mögen es gerne bodenständig und authentisch – so als Kontrastprogramm zu den 5-Sterne-Hütten und verstaubten Kurzhotels. Daher gingen wir in Frankfurt nicht in eine der unzähligen Rooftop-Bars, wo schleimige Investment Banker die operierten Damen anhimmeln, die dann die Rolex mit dem steifen, aufgestelltem Polo-Shirt Kragen zurück anhimmeln und sich nachts in deren mir niemals zugänglichen schneeweißen Himmel vögeln. Wir sind ins Nord^2 gegangen, einem meiner Lieblingsplätze in Frankfurt als fußballliebende Norddeutsche. Und ja, ich habe die Nacht alleine verbracht… was hast du denn gedacht!

DIE FEEDBACKS

An einem anderen ähnlich typischen Endlos-Konferenz-Nacht-Drucker-Noch-Beim-Schlafen-Anstellen-Damit-Genug-Zeit-Zum-Duschen-Morgen alles schon sehr früh wieder ins Auto gepackt (außer den Feedbackbögen, die ich für 5x Feedbackgespräche heute noch brauche). Fünf Mal 45 Minuten Feedbacks ohne Pausen. Dann kann ich mich um ca. 13 Uhr auf den Weg machen, ohne Mittagessen, aber endlich auf den Weg, den Heimweg.

Auch wenn ich so oft versucht habe, so früh beim Frühstück zu sein, dass noch keiner da ist. Auch wenn der Magen so gar keine Lust zu essen hat, es klappt meistens nicht. Und dann muss man morgens schon innerlich total verknittert die gut gelaunte Beraterin geben, die natürlich total Bock hat sich die Wehwehchen der Kandidaten anzuhören.

Noch mal die Räume für die Feedbacks gecheckt und dann um 7.45 Uhr an der aufgebauten Kaffee-Ecke vor den Konferenzräumen die Teilnehmer und Führungskräfte willkommen heißen und hoffen, dass nicht wieder so eine Kandidatin bei den Absagen dabei ist, wie die Dame von eben.

Eine HR-Kollegin, die ich sehr geschätzt habe, weil sie sich trotz Großkonzern treu geblieben war, modisch, politisch und immer gerade raus. Diese Kollegin vermisste ich eines Morgens – 30min bevor es mit den Feedbacks losgehen sollte. Die war noch nie zu spät… komisch… Da sie ihr Zimmer neben meinem hat, laufe ich schnell mal hoch und klopfe an ihre Tür. Sie öffnet die Tür und was ich da zu sehen bekomme, das, puh, das war ein Anblick. Ich soll ihr doch bitte was für den Kreislauf aus der Apotheke holen. Ich renne los, Concierge gefragt, raus aus dem Hotel, über die Kreuzung, Apotheke kommt in Sichtweite. Bin mitten im Winter direkt mal ohne Jacke oder Jackett raus. Oh, Winken! Zurück-Winken! Der eine Beobachter, der vor Ort wohnt, kommt mir gerade entgegengefahren und staunt nicht schlecht was die Beraterin morgens um 7.30 Uhr an der Apotheke leicht bekleidet wohl möchte. Das wirft Fragen auf. Aber ich muss weiter, ich habe grade nur ein Ziel: die Kollegin wieder aufpäppeln. Noch ein Stück Zucker vom Tisch im Frühstücksbereich klauen und wieder die Treppen hoch. Die Dame richtet sich ungelogen wieder her und steht keine 15 Minuten später vor den Konferenzräumen und gibt tatsächlich ohne mit der Wimper zu zucken noch drei Feedbacks an dem Tag. Chapeau Madame!

Was war geschehen? Ja, ich erinnere mich, ich bin nachts aufgewacht, weil irgendwas gerumpelt hat, so als wäre ein Stuhl umgefallen oder so. Aber das war die Kollegin im Nebenzimmer, der nachts auf dem Weg zur Toilette schwindelig wurde und die dann in Ohnmacht fiel. Dabei ist sie auf den harten Boden geknallt und hat sich die Nase, das Kinn und die Stirn aufgeschlagen. Auf den kalten, blutverschmierten Fliesen ist sie dann wohl erst heute

Morgen wieder aufgewacht. Oh Gott, die Arme.

Nun zu den anderen „Armen" an diesem Tag. Denn Feedbacks, die sind für alle Beteiligten nicht einfach. Entweder bekommt jemand eine Jobempfehlung, eine Karrierechance, ein Traineeship oder eine Absage. Egal für was, das ist der Moment, in dem ich mich für immer in deren Gedächtnis brennen werde. Also nicht ich in Persona, aber dieser Moment, dieses eine Wort, diese eine Formulierung, die nicht eineindeutig genug formuliert ist. Das ist auch anstrengend für uns, liebe Kandidaten. However, ich habe viele Tränen gesehen, viele Bittstellungen vernommen, viele schockierende Momente, in denen der Druck, der auf Führungskräften oder Bewerbern liegt, sich entlädt. Und alles menschlich so absolut nachvollziehbar, aber ich musste in meiner Rolle bleiben – das war manchmal echt hart.

Allerdings gibt es auch Ausnahmen: Kandidaten, die einen anschreien, die wortlos das Gespräch beenden, die Türen knallen, die brüllen „das wird noch ein Nachspiel für Sie haben!" oder einen nach dem Verfahren eine E-Mail schreiben und fragen, ob man Lust auf ein Mittagessen hat – Mann, oh Mann.

Feedback „via Telefon"

Ja unterwegs geht das ja auch mit den Feedbackgesprächen – man muss nur auf die Hintergrundgeräusche achten und dass die Verbindung nicht abbricht und dass ich meine Unterlagen dabeihabe. Wenn man mit einem Kandidaten aus Südafrika auf der Strecke zwischen Köln und München in einem überfüllten Abteil (ja, Abteil mit 6 Plätzen – alle besetzt!) telefoniert, sich andauernd bei den Mitreisenden für das Telefonat entschuldigt (was ungefähr 1,5 Stunden dauert – also von Köln bis hinter Frankfurt), alle genervt sind, die Leitung immer wieder zusammenbricht, der Kandidat in Südafrika nur die Hälfte versteht, und man ohne Namen und Firma zu nennen versucht verständnisvoll demjenigen zu sagen, warum er den Job nicht bekommen hat... tja, da heißt es nur sorry, no worries, yes, sorry.

Feedback „via Videokonferenz(raum)"

Aber hey, Telefonkonferenz ist so 2000er, gibt's überhaupt noch ein Meeting ohne dass irgendeiner zugeschaltet ist aus wo auch immer? Und dann schalten sich alle auf „mute" und die Kamera ist mal wieder defekt (genau!). Also eigentlich eine Telko mit Breitbandverbrauch. Aber es gibt ja auch IT-Unternehmen, die schon sehr früh alles per Videokonferenz gemanagt haben: Konferenzen,

Vorstandsmeetings, ja sogar die Rezeptionisten sitzen dir nicht mehr in jedem Gebäude real gegenüber sondern werden zugeschaltet, wenn du den Eingang betrittst (okay, das ist auch schon ein paar Jahre her, aber hey, still impressed). Bei genau so einem globalen IT-Lieblingskunden von mir habe ich dann den ganzen Tag vom Konferenzraum aus persönliche Feedbackgespräche mit Führungskräften rund um den Globus geführt – ja, die Qualität war so großartig, die Wand so riesig, das Interieur der Räume war weltweit gleich, unglaublich surreal, Matrix gleich. Einmal bin ich am Ende sogar aufgestanden und wollte dem Kandidaten die Hand schütteln, ups.

Feedback „du kennst den Kandidaten nicht"

Herrlich waren auch immer die Anrufe von ausländischen Kollegen, die noch in dieser Woche ein Feedback timen mussten mit einem Kandidaten, der nur online assesst worden ist und jetzt dringend, ganz dringend sein Feedback braucht und zwar in London – und bitte pronto in den nächsten zwei bis drei Tagen. Klar, kann ich natürlich auch noch machen. Also, Unterlagen bekommst du einen Tag vorher digital zugesandt, wenn du Glück hast. „Nur" ein bis zwei DC-Teilnehmer, denn du brauchst ca. zwei Stunden pro Kandidaten bei einer richtigen Vorbereitung, auch wenn die dann nachts stattfindet, im Taxi, Flieger oder sonst wo. Wenn du Glück hast bekommst du von deinen internationalen Kollegen noch ein paar Background-Infos zum Kunden oder dem aktuellen Kontext sowie ein paar Empfehlungen und Besonderheiten. Wenn du kein Glück hast, bekommst du von irgendeiner Assistenz die nicht finale Version des Ergebnisberichts am selben Morgen. Dann sitzt du völlig übermüdet, fully dressed irgendwo im Eingangsbereich eines Gebäudes in einer Suburb von London und wartest darauf, dass die Tür aufgeht und eine Person auf dich zukommt, die dich wenigstens irgendwie zuordnen kann. Bisschen wie bei einem Date oder am Ende einer Beziehung, denn es geht ja auch oft um Downsizing, aber das würde wieder einmal zu weit führen.

Tür geht auf, Frau/Mann kommt raus (ja ehrlich, manchmal konnte ich anhand des Namens nicht das Geschlecht zuordnen und die Genderangaben? Pff, so 90er. Dann geht's los. Nach anfänglicher Skepsis wird man in einen Konferenzraum geführt, der hoffentlich eine angenehme Atmosphäre hat. Manchmal wollten die Herren Executives auch das Feedback in ihrem Büro machen, weil sie überhaupt nicht geblickt haben welche Reichweite das haben kann. Schade, dass so ein Verhalten dann nicht mit in die Bewertung mit einfließen darf. Wenn man dann mit der damaligen Feedback-Sandwich-Technik-Scheiße ankam, war man direkt gearscht. (Regel Nr. 4 – nie diese Regel anwenden!) Ist doch klar, dass das Gegenüber nur darauf wartet, dass gleich wieder was

„Negatives" kommt – so dämlich kann doch kein Berater sein! Wenn die anfängliche Skepsis überwunden ist, du gut vorbereitet bist, Gesprächstechniken beherrscht, neben einem akzeptablem IQ auch noch einen einigermaßen ausgeprägten EQ hast, dann sind diese Führungskräfte dir so dankbar. Denn wer gibt denen noch ehrliches Feedback? Wer ist da radikal ehrlich? Niemand mehr. Unternehmenspolitik, Hierarchien und Rollen lassen es nicht zu, dass sich Menschen ehrlich die Meinung sagen – weil es immer, immer, immer Konsequenzen hat. Von Freudentränen, Beziehungsproblemen, Ängsten, Unsicherheiten, Karrieredruck, finanziellen Problemen, Konflikten mit Mitarbeitern und Vorgesetzten, alles wird dann nach oben gespült. Und auf einmal sitzen sich zwei *Menschen* gegenüber, und dann, ja dann, dann weiß ich, dass mein Job Sinn macht. Weil ich vielleicht ein oder zwei Glühbirnen erzeugen konnte, vielleicht auch nur einen kleinen Impuls geben oder einfach nur eine Schulter zum Anlehnen anbieten konnte. Dann bin ich immer happy nach Hause gefahren, weil jemand sich geöffnet hat, sich selbst hinterfragt hat, sich reflektiert und ggf. neue Denk- und Handlungsoptionen gelernt hat.

„Schriftliches" Feedback

Führungskräfte/Mitarbeiter aufgepasst: nehmen wir mal an es handelt sich um ein internes AC oder DC und in der Einführung des Verfahrens wird dir von einem internen Kollegen der HR-Abteilung (besser aber noch von einem externen Berater, dessen Visitenkarte du erhalten hast) erklärt, dass es neben einem persönlichen Feedbackgespräch auch noch ein schriftliches Feedback geben wird. Was dann? Bingo! Dann hat dein Unternehmen schon mal einen wichtigen Schritt gemacht: sie legen dir offen und transparent dar, wie deine Beurteilung ausgefallen ist.

Wie viele Gutachten, ähm Feedbackunterlagen, ähm Ergebnisberichte, ich (in welcher Form der Kunde es auch wünscht) geschrieben habe bzw. Feedbackgespräche geführt habe? Das wäre doch mal ein Brain-Teaser in einem Einstellungsinterview wert: Unternehmensberaterin hat pro Woche 1–4 ACs, mit jeweils 1–10 Kandidaten. Wie viele Feedbackgespräche hat sie in 10 Jahren geführt? Und worin unterscheidet sich die Anzahl der Gutachten von der der Feedbackgespräche?

Wochenendbeschäftigung eines Beraters: Arbeit! Und Arbeit! Und Arbeit! Arbeit konkret bei dieser Beratungsbranche: Gutachten schreiben! Aber von vorn: es ist wieder mal Sonntagnachmittag, vor mir ein Berg an Unterlagen, pro Kandidat bis zu acht Seiten handschriftliche (!) Notizen von Kollegen oder mir selbst. Herrlich sind auch die Deals, wenn du mitbekommst wie Kollegen wieder mal Praktikanten fragen ob ein Gutachten übernommen werden kann (gute Übungszwecke, pah, Faulheit sag ich da nur).

Vor mir ein Tee, irgendwelches Zuckerzeugs (gerne noch von der Rezeption des letzten Hotels gemopst oder fein säuberlich die Gute-Nacht-Leckerlies von der Bettdecke gesammelt und im Koffer verstaut) jetzt auf der Zunge zergehend, während mein Hirn mal wieder versucht, die Welt, nein den Kandidaten so objektiv wie möglich zu beschreiben. So eine neutrale Zone am Sonntagnachmittag ist schon ganz entspannend, aber nicht, wenn du dich kaum noch an die Kandidaten erinnern kannst, weil alle gleich alt, weiß, zwischen 28–32 Jahre alt, Europäer und scharf auf den ersten Führungsjob. Da helfen dann auch kleine Comic-Zeichnungen am Rand oder lustige dahin gekritzelte Spitznamen auf den Papierseiten wenig. Aber zurück in die neutrale Zone. Dort wird eine sehr sonderbare Sprache gesprochen, die ich mir manchmal auch gerne auf der Straße wünschen würde – keine Vorurteile, keine Stereotype, no Judgements, no biases, just raw Observations. Wenn du durch den Teil des Gutachtens durch bist, dann darfst du auch an den Rand der neutralen Zone vorstoßen und ein wenig den Kopf rausstrecken in die subjektive Zone – aber Vorsicht, immer alles schön im Konjunktiv und so.

In einem Gutachtentemplate (und bete, dass du die richtige Vorlage auf deinem Rechner hast – Konsequenzen kannst du dir ja mal selbst denken, wenn es Sonntagnachmittag ist) hast du also eine klare Struktur und eine Einleitung und dazwischen quetscht du dann deinen Text. So eine Einleitung sieht dann z.B. so aus (mal ne deutsche Version ausnahmsweise): „Ziel des AC ist es, die individuellen Stärken und Verbesserungsmöglichkeiten (Regel Nr. 5: niemals das Wort Schwäche benutzen!) im Hinblick auf überfachliche Qualifikationen der TeilnehmerInnen im Entscheidungsprozess für die jeweilige vakante Position zu identifizieren und zu analysieren. Die folgenden Beurteilungen beziehen sich ausschließlich auf das Teilnehmerverhalten in den AC-Übungen. Das Verhalten im realen Arbeitsalltag wurde nicht bewertet. Das Ergebnis dient als ergänzende Grundlage für die Auswahl und individuelle Gestaltung von Maßnahmen zur beruflichen Entwicklung."

Und du hast dann immer Formulierungen zu wählen wie "he ensured", "she leveraged", "he regularly increased", "she positioned herself", "he took a very active role", "sometimes he reacts slightly", "she proactively participated", "she stresses her views very clearly", "he could try to avoid interrupting others", "she could try to integrate other ideas", "he draws a big picture", "withdraws when interrupted by others", "he sets a clear direction", "she knows the current market situation", "she points out business opportunities", "he easily analyses complex entrepreneurial data", "she draws the right conclusions", bla bla – you got an idea, right?

Irgendwann hat man diese Formulierungen internalisiert. Die Formulierungen, die sein müssen, damit sie nicht weh tun, du keinem auf die Füße trittst, es sich einigermaßen gut anfühlt, kein Unternehmen verklagt werden kann und trotzdem der Kandidat irgendwie die Übersetzung dessen was er dort gemacht hat versteht und umsetzen kann. Letztendlich ist es eine Form den Kandidaten eine Antwort zu geben, obwohl er die Antwort nicht entgegennehmen muss. Interessante Kommunikationsform: einer verhält sich, viele schauen zu und einer der vielen schreibt den Konsens in einer Sprache, die der eine dann wieder auf sein Verhalten zurückführen muss (und dazwischen hängt dann noch ein Kompetenzmodell – aber dazu gleich mehr).

Diese Formulierungen sind einigen Kollegen zum Verhängnis geworden, denn wenn Müdigkeit, Überarbeitung und viel zu ähnlich tickende Kandidaten immer den gleichen Quatsch an Verhalten verzapft haben, dann beschweren sich dann auch schon einmal die Chef-Chefs, dass da doch die Copy/Paste-Kralle am Werk war. Ja, dieser Vorwurf ist einfach nicht haltbar und ehrlich gesagt ziemlich mies – ich habe das nie gemacht und ganz ehrlich, ich würde auch fast die Hand für alle meine Kollegen, mit denen ich eng zusammengearbeitet habe, ins

Feuer legen.

So, am Ende dann noch ein paar Grafiken mit ein paar absoluten oder relativen Ergebniswerten anpassen, voilà, fertig ist das dritte Gutachten in acht Stunden, abends, Sonntagabends um 23:30 Uhr. Gutachten schreiben ist also irgendwie eine Art Wissenschaft für sich, ähnlich wie diese diffuse Zeugniskultur in Deutschland – versteht auch keiner in Deutschland und im Ausland schon mal so gar nicht.

Jegliches Feedback bitte an ali@die-ali.de – bin gespannt auf Inhalt, Form und Stil und ob ihr all die tollen Berateransätze zum Thema „wie gebe ich Feedback", „Feedback ist ein Geschenk" (Kotz-Emoji bitte hier vorstellen) umsetzt. Ich bin gespannt (traut sich ja eh keiner). Die ersten 50 Futterzurücks werden dann auf Instagram gepostet (@diealiofficial).

DAS KOMPETENZ MODELL

Tja, für die, die wissen was das ist: correct me if I am wrong. Und für die, die es nicht kennen: Ein Kompetenzmodell dient dazu, dass es die Berufssparte wie mich überhaupt gibt! Basta!

Mein allerallerallererstes Projekt – und ich meine allererstes Projekt – noch zu Studi-Zeiten, befasste sich mit der Entwicklung eines solchen Modells. Dass es einmal meine gesamte Laufbahn (auch so ein komisches Wort) prägen wird und für mich eine essenzielle Arbeitsgrundlage für viele Jahre sein würde, das hatte ich mir damals auch noch nicht ausmalen können.

However, ich versuche es mal kurz und knapp: ein Kompetenzmodell beschreibt die Anforderungen eines Unternehmens an seine Mitarbeiter. Aus der Strategie abgeleitet werden die Fähigkeiten beschrieben, die das Unternehmen braucht, um whatever Ziele zu erreichen. Dabei werden die Kompetenzen auf Verhaltensebene „operationalisiert" und bilden die Grundlage jeglicher HR-Arbeit, aber prägen auch insgesamt die Unternehmenskultur. So stellt das Kompetenzmodell sicher, dass z.B. alle Assessment-Verfahren, Interviews, Besetzungen letztendlich „aligned" und zielgerichtet sind. Was in (fast) allen Personalauswahlprozessen neben dem Kompetenzmodell fehlt sind Werte, Unternehmenskultur (fit), persönliche Einstellungen, Persönlichkeits-eigenschaften, Motivatoren, Intelligenz, Emotionale Intelligenz, Potenzial und Kreativität (nur um einige zu nennen). Aber gut, wenn man in der Leistungsgesellschaft nur an den Fähigkeiten interessiert ist, gibt das Kompetenzmodell einen sehr guten Überblick über die Anforderungen. Also, mein Job besteht darin, immer zwischen den Anforderungen pro Job/Führungsebene, dem sogenannten TO-BE-Profile der Position und dem AS-IS-Profile der Kandidaten einen Abgleich zu treffen. Oder kurz: wie nah ist der Kandidat dran an dem perfekten Profil? Je kleiner der Abstand, umso besser die Chancen!! Ganz einfache Mathematik.

Wie misst man die Kompetenzen eines Kandidaten? Nun ja, da gibt es viele Verfahren, aber das valideste (neben der Arbeitsprobe) ist immer noch das kompetenzbasierte, strukturierte Interview. Literaturangaben lasse ich hier jetzt mal weg. Was ich aber erwähnen möchte, dass es tausende von Beratern around the Globe gibt, die alle die gleiche Methodik anwenden, aber Preise von 1500€/Tag oder 10000€ pro Verfahren/Teilnehmer nehmen. Die Spanne ist groß, die Methode die gleiche. „Bränd" und Haarfarbe entscheiden hier über den Preis, aber egal, die Unternehmen zahlen ja.

Wie will man es eigentlich bewerten, wenn ein Kandidat seine Entscheidungsfähigkeit auf Kopf (Fakten), Herz (Beziehung) und Bauchgefühl stützt? Mmhh... wie viel Kopf, Herz und Bauch sind denn ideal? Da kommt immer dieselbe Antwort von einem Berater wie mir „kommt darauf an". Diese Standardantwort habe ich so internalisiert und kein Kunde kann sie mehr hören (würde ich auch nicht wollen).

Aber mal ein Gedankenexperiment: Angenommen, mich würde die „Sexual Intelligence" einer Person interessieren? (Nein, das hat nichts mit dem Buch von Kim Cattrell zu tun... ganz falsch!) Wie würde ich diese Kompetenz dann operationalisieren? Oder muss ich dann das ganz große Fass aufmachen und die Liebe operationalisieren – das kriegt ja nicht mal der Precht hin.

Aber was ich damit eigentlich sagen will: es gibt Dinge, die kann man nicht eineindeutig (auch eines meiner Lieblingsberaterwörter) operationalisieren, genauso wie so manche Bauchgefühle, die wir immer vernachlässigen. Zum Glück gibt es noch Firmen, die das interessiert, aber dazu mehr in einer anderen Geschichte.

So eine Kompetenzmodell-Entwicklung dauert je nach Standing der HR-Abteilung innerhalb des Konzerns und den involvierten (des-)interessierten und (in-)kompetenten Managerkreisen bis zu zwölf Monate und damit verdient man denn so richtig Asche. Denkste, wenn du da nicht noch einen Management-Workshop nach dem anderen machst, verdienste da gar nix. Am Liebsten wollen Firmen immer sowas „off-the-shelf" kaufen, um dann anschließend doch wild daran herumdoktern bis eine „taylor-made Solution" rausspringt, nur für weniger Geld. Taylor-Made – got it?! Diese Rechnung geht meistens nicht auf, aber viele Berater gehen trotzdem das Risiko ein. Warum? Wenn sie wissen, dass sie in persona oder die Beratung itself in der operativen Anwendung des Modells eh nicht berücksichtigt werden, sind die Konsequenzen für sie ja nicht relevant. Wenn der dicke Elefant Kompetenzmodell dann endlich gesliced ist, dann fängt die Arbeit erst richtig an. Nun weiß man zwar, welches Verhalten die Firma insgesamt für die Zukunft (to be) oder aktuell (as is) benötigt entlang der neuen strategischen, globalen Ausrichtung. Aber was das jetzt für bestimmte Führungslevel und/oder Positionen bedeutet, tja, dann wird es langsam spannend für die Zusammenarbeit von HR, Business und Beratung. Wenn keine Job-Architektur vorhanden ist, dann werden einfach auch off-the-shelf ein paar Kompetenzen eingekauft, die Übungen irgendwie auch. So eine Idee, was der- oder diejenige auf einigen Positionen zu leisten hat, hat der Vorstand ja irgendwie doch, auch wenn er das nicht so in „Kompetenz-Sprache" ausdrücken kann (weil bisher noch nicht geschult oder der eigene Executive MBA doch schon ein wenig her ist). Naja, dann sitzt du da als Berater auf einmal (vielleicht noch nach einem kurzen Nacht-Telko-Briefing) einem Kandidaten in einem Einzel-AC gegenüber, dem du am Ende eines langen Tages sagen sollst, ob er eine Empfehlung für den Job, die Laufbahn oder was weiß ich denn bekommt. Vielen Dank auch! Also jetzt im Namen beider Seiten. Auf professionelle Art und Weise werden dann aufbauend auf dem Kompetenzmodell die AC Übungen entwickelt, nah am Kunden, der Kultur und realen Herausforderungen. Oder, man lädt sich die Berater direkt in eine Managementkonferenz ein und lässt die dann dort die Führungskräfte direkt bei der Arbeit beobachten – das ist dann der Jackpot (ist aber eher die Ausnahme, dass 20 Berater zu einer Europe Conference eingeladen werden, um das 60-köpfige Management, das aktuelle Challenges bearbeitet, beim Schwitzen zu beobachten; und auch dann noch in ihre Excel-Sheets auf ihren Laptops zu hacken, wenn die Management-Teams dem CEO oder ggf. auch nur dem Head of Europe berichten, was sie sich denn so als strategische und taktische Maßnahmen überlegt haben, um mit der Konkurrenz mitzuhalten („how to compete with xyz (hier Competitor am Markt einsetzen)"). Jackpot in einem Großprojekt erlebt und für gut empfunden.

However, entlang des Kompetenzmodells gibt es dann je nach Verfahren diverse AC-Übungen: Rollenspiele, Interviews, Planspiele, Testverfahren, Brainteaser etc. pp). Diese können dann laufend angepasst werden und alle Beteiligten (Berater, Führungskräfte, Vorstand) müssen es in und auswendig können. Denn eigentlich repräsentiert das Kompetenzmodell und damit auch „respektive" das AC die Unternehmenswerte des jeweiligen Konzerns – jawoll! „Respektive" (hab die Berater immer gehasst, die das mehr als zweimal in 10 Minuten gesagt haben). Aber die Diskussion über Werte, Kompetenzen und Strategie, die ist endlos, ehrlich, und bedeutet jedes Jahr ein Milliardengeschäft für die Beratungen. Abschließend sei somit gesagt: „Dieses Modell ist das Herzstück aller Management Diagnostik!" Wow, was für ein Satz! Habe ich wohl aus einem eigenen Vortrag geklaut, herrlich.

Schön ist es auch, wenn du in einem Projekt ein Leadership Framework (Kompetenzmodell für Führungskräfte) mit einem HR-Director einer Holding zusammenbastelst und in einer anderen Entity zeitgleich die Leadership Competencies entwickelt werden. Wer jetzt denkt, der Inhalt wird es entscheiden, pah, der hat Corporate Politics noch nicht verstanden (aber dazu ggf. mehr in einem zweiten Teil).

Nachsatz: es gibt auch Firmen, die brauchen keine Kompetenzmodelle, die haben Manager, die eh alles wissen und können, dort gibt es heutzutage immer noch folgende Führungsleitkultur: Mushroom Leadership! "Keep them in the dark, feed them shit and they will grow!" (Kein Scheiß, wurde mir mehrfach mit einem zynischen Grinsen aber in der Sache ernst vermittelt (ausschließlich von männlichen Führungskräften!)).

MENSCHEN-HÄNDLER

Ja, ich kann auch Karrieren versauen, ich kann sie verlangsamen, beschleunigen, ich kann vieles, aber ich gehörte nie zu einem Schlag Berater, der doch so oft mit uns verwechselt wird: die Menschenhändler! Die Kopfgeldjäger der Neuzeit, die Headhunter! Man hat das „Geld" im neudeutschen Fachbegriff dieser neuen Berufsgruppe einfach mal weggelassen. Darüber, also über das Geld, spricht man in der Branche sowieso nur in %-Zahlen, immer irgendwas zwischen 23–32% anteilig vom Jahres-Brutto-Gehalt – auch wenn dann noch nicht klar ist ob die LTIs, STIs etc. darin berücksichtigt werden oder nicht. Capeesh or ca·piche, sprich [kuh-peesh]?

Headhunter, das sind diese ewigen Vertriebler, die immer charming daherkommen, sich versuchen so schnell wie möglich auf dem C-Level einzuschleimen und sich dann wie Parasiten in Unternehmen festsetzen. Solche Personalberatungen haben so einen riesigen Einfluss darauf, wie gut oder schlecht Unternehmen performen – das wird immer ganz vergessen. Diese Beratungen vermitteln Kandidaten, sie steuern damit schon präfaktisch den Erfolg oder Misserfolg eines Unternehmens. Sie sind letztendlich – entschuldigt den Vergleich – die eigentlichen Strippenzieher der heutigen Wirtschaft – und haben somit ein kaum visibles, globales Spinnennetz gewoben, in deren Fängen sich die Unternehmen befinden. Generell kommt es bei jedem Unternehmen, sobald es mal nach der Startup-Phase, Umbruchphase, whatever, eine gewisse Größe erreicht hat, immer dazu, dass der War of Talent beginnt – geiles Wort – WAR – tja, die Wirtschaft befindet sich im Krieg – und die Headhunter sind die Interims-Propagandisten, die die Soldaten für die Front rekrutieren und die Besten teuer verkaufen und damit selbst eine der lukrativsten Wirtschaftszweige bilden (Egon & Robert & Spencer & Russell & Stanton & Korn & Boyden & Heidrick – you name it!).

Erst mit der Zeit ist mir klargeworden, dass es doch schon ein ganz schön krankes System ist. Ein System, für das man sich, wenn man mitspielen will, bewerben muss. Sich bewerben muss... das muss man sich mal auf der Zunge zergehen lassen... Wer bewirbt sich denn jetzt bei wem? Das Unternehmen bei den Bewerbern oder der Bewerber bei dem Unternehmen?! Und die Headhunter, die versuchen diesen Balztanz zu koordinieren und zu beeinflussen. Sie suchen sozusagen den perfekten Match aus. Warum gibt es das eigentlich nicht auch für Trennungsgespräche? Nein, ich meine damit nicht diese abgefuckten Outplacement-Beratungen, die wie faulige Pilze überall aus dem Boden schossen.

Egal, natürlich ist es eine Bewerbung in beide Richtungen, und natürlich ist das Ziel von unterschiedlichen Interessen und Motiven geleitet und die Entscheidung wird dann nur auf Grundlage eines Kompetenzmodells getroffen (s. oben). Genau, ist klar! Das wäre ja so, als wenn ich mir meinen neuen Lover schon vorab interviewe, wie gut er im

Bett ist – sozusagen ihn nach seiner Sexual Intelligence befrage. Ich stelle Fragen zu bisherigen Sexualverhalten, ggf. Präferenzen, lasse mir Beispiele mit anderen Partnerinnen geben und beurteile dann wie gut er wohl im Bett sein könnte, denn ihr wisst: the best predictor for future performance is past performance! (s. auch oben)

Achja, und dann muss ich ja noch Referenzchecks machen und die ONS-Damen oder Verflossenen anrufen und fragen, wie gut er denn so im Bett war: „Hat er sein Handwerk wirklich drauf oder nicht?" Und weil ich das nicht kann oder mag, stell ich doch lieber einen Headhunter ein, der dann das alles für mich in Erfahrung bringt. Der natürlich auch die Dinge bei einem Mittagessen erfragt, die man nicht fragen darf. „Ach, sie haben ein Pferd." „Ach, sie haben einen Freund in London?" „Ach, sie hören gerne Punkmusik." „Interessant." Tja, kannst dir jetzt selbst ein Bild machen, ob das relevant für eine Einstellung ist oder nicht. Aber Fakt ist, es fließt mit ein, da kann sich keiner rausreden, dafür sind wir alle nur Menschen mit all unseren Biases (s. oben). Aber Headhunter – Mann ey, die gibt es wie Sand am Meer und wie oft hat einer angerufen, um mich selbst abwerben zu wollen. Und mit ein zwei Fragen hast du den denn dann entblößt. Oder wie soll denn ein 24-jähriger (please note: hier sind nicht alle Headhunter, die ich kenne, gemeint! Explizit nicht! Also bitte nicht persönlich nehmen die Herren) Berater, der noch nie in einer

Unternehmung gearbeitet hat, beurteilen können, was da gebraucht wird?! Das ist doch alles nur Bullshit. Ist jedenfalls meine klare Meinung. Also liegt es an den Führungskräften und den Personalern, die klaren Anforderungen zu definieren und den richtigen Kandidaten, zur richtigen Zeit für den richtigen Job zu finden. Not easy! Und weil das nicht easy ist, werden jeden Monat Milliarden mit diesem Geschäftszweig verdient. Weil Personaler schlecht ausgebildet sind, ein verqueres Bild haben, was die Unternehmung braucht, weil ein Geschäftsführer/Vorstand kein klares Bild von der Zukunft seiner Mitarbeiter hat oder oder oder. Und das nutzen die Headhunter dann schamlos aus. Alleine wenn man sich anschaut, welche Headhunter welche Unternehmen beraten, da gibt es richtige Haus-und-Hof-Lieferanten. So als mache es keinen Sinn (wenn ich eine Brauerei wäre) meine Gerste mal woanders zu beziehen. Schmeckt doch, Preis stimmt, konnte immer liefern. Ey, wer garantiert einem denn, dass genau diese Personalberatung genau die richtigen Kandidaten in der Datenbank oder am Markt finden kann. Ich finde dieses Konzept sehr sehr strange. Aber gut, die Headhunter-Kollegen verzeihen mir bitte dieses Kapitel, denn ich weiß, ihr habt es auch sauschwer. Aber mit den Boni, sorry Leute... da ist mein Mitleid gering. Also, lange Rede, kurzer Sinn (das ist so ein typischer Satz von deutschen Beratern – also denen, die nicht international arbeiten, achtet mal drauf): Ich war nie ein Menschenhändler, wollte es nie sein und wollte euch nur kurz vorstellen, zur Abgrenzung, zur Differenzierung, da dies ein ganz anderer Job ist als meiner. Ob ihr das gerafft habt?! Klar, Leser sind ja smart und durchschauen so einen Ich-mach-das-zum-ersten-Mal-Autor natürlich gleich.

DER PITCH

Als Unternehmensberatung braucht man Kunden – daher ist die Akquise das A&O. Wenn du in einer etablierten Beratung durchstarten willst, hast du nur eine Chance – schreib Angebote like hell!!! Damit du aber ein Ding nach dem anderen an Neukunden raushauen oder interne Anfragen stellen kannst, auf die sowieso keiner Bock hat, weil gerated als „kein Potenzial" (z.B. von öffentlichen Trägern – bringen halt keine Kohle) musst du dich ins CRM-System einloggen (für alle Nicht-Berater: Customer-Relationship-Management-Software, in der einfach alles, ja alles über den Kunden hinterlegt wird. Die wichtigsten Infos sind immer die Kontaktdaten (private Handynummern, direkte Durchwahlen, Geburtstage, Kindernamen, Name der Assistenz, Geburtstag der Assistenz, Familienstand, vorherige Arbeitgeber, Buddys etc. und natürlich das Volumen). Die zweitwichtigsten Infos sind die Analysedaten der Kunden, weil ich dadurch indirekt abchecken kann wie smart meine ehemaligen Kollegen (Fluktuation ist hier ja hoch) als auch aktuellen Kollegen diesen oder jenen Kunden managen bzw. gemanaged haben – oder auch eben nicht. Also eine Art indirekter Schwanzvergleich, ein Konkurrenzcheck – welchen Kunden kann ich für mich gewinnen, wie kann ich mein bisheriges Netzwerk besser nutzen als mein werter Herr/Frau Kollege.

Proposal. Neu-Deutsch für Angebot. Die ersten Wochen machst du also nichts Anderes als Angebote schreiben, Angebote, Angebote, Angebote schreiben – hau raus, hau raus, hau raus. Da steht der VP Europe total drauf, denn die aktuelle Übersicht der RfPs (RfP = Request for Proposal) checkt er neben den Umsätzen so gut wie täglich. Denn Growth und Revenue sind die einzigen zwei Dinge, die ihn interessieren nachdem er die Kinder ins Bett gebracht hat, seine Frau wieder nicht ficken durfte, sich unter der Dusche einen runterholt und morgens einigermaßen relaxed nach zwei Espressi im Büro die großartige Arbeit seiner „Riedschin" (Region) im Global Update Call zu verkünden. Davon bekommst du allerdings meistens nichts mit.

Wenn dann eines Tages, aus welchen Gründen auch immer, „der" Anruf eingeht, bei dem Beraterherzen kurz aussetzen, obwohl sie ja intravenös mit Espresso gepimpt werden, dann, ja dann geht es richtig ab. Was ist passiert? Kunde gefällt Erstangebot, oder Kunde schickt RfP und will mehr, will dich persönlich kennenlernen oder wiedersehen und du bekommst eine Einladung, einen Termin – „ja, klar, passt gut" – „gerne kommen wir zu Ihnen ins Haus", „nein das ist kein Problem für uns", „ach die 600 km schaffen wir an einem Tag hin und zurück", „nein, da entstehen Ihnen keine Kosten", „vielen Dank!".

RfP. Das wird bis aufs Kleinste gecheckt. Also, wenn es eins gab, was nicht immer das Beste ist, denn Kunden wissen oft nicht was sie wollen geschweige denn was sie brauchen, aber das ist ein anderes Thema. Aber was folgt?

Nächtelange PowerPoint-Schlachten!!! Laaaaaaaaaaange Nächte, teilweise tagelang. Tagelange Nächte!! Beraterteams, die interdisziplinär aus ganz Europa zusammengesetzt werden je nach Verfügbarkeit, gerne auch die Youngsters, die kosten ja wenig. Kurzes Briefing der alten Hasen oder aus dem Product- & Researchcenter und los geht's. Generelle Slides werden an den Kunden angepasst – immer das aktuelle Logo und CI übernehmen, Farben der Grafiken anpassen und so ein, zwei spezifische Angebots-Slides rein schummeln – fertig!!

Partner und Senior Consultants werden dann zum Termin geschickt, du hoffst, du kommst mit, denn die Arbeit machen nachher andere – aber das weiß der Kunde jetzt ja noch nicht. Also wer fährt – checken, ob man mit dem Kunden schon gearbeitet hat und wenn ja wer – und wer soll zukünftig den Kunden übernehmen, wer passt am besten – scheißegal, wer hat denn überhaupt noch Zeit dafür – eigentlich keiner – aber die Kunden denken, das ist der beste Mann für mich – jedenfalls wird ihm das suggeriert.

Pricing. Oh ha…das ist immer ganz heikel, da wird mit den Partnern über Kontingente, Projekt-Tagessätze, Beraterlevel, antizipiertes Volumen und BD-Potenzial diskutiert (BD = Business Development = was ist in

Zukunft ggf. noch drin). Am Ende können 40–60% der administrativen Arbeit von Praktikanten übernommen werden – somit ist die Marge ja mal wieder gerettet – auch bei kleinen Neuaufträgen wo man einem Freund eines Freundes mal einen Gefallen tut. Ein Berater ist nie im Büro und immer fakturierbar – das kann man im Pitch (erst recht nicht bei Neukunden) so nie sagen.

Neukunden. Das ist das Spannendste – dann ist alles möglich...oh ja...die grüne Wiese beackern – dann hast du ggf. den Jackpot – am besten eine etwas unsichere, untervögelte HR-Lady, die dich mehr mag, als sie zugeben will oder darf, die du um den Finger wickeln kannst mit abgedroschenen Witzen, dann ja dann...aber gut, zurück zum Anfang. Du hast einen Termin, einen wichtigen Termin – eine Deadline auf du hinarbeitetest – wenn du schon länger im Geschäft bist, managst du das während du unterwegs von einem Kundentermin zum nächsten Assessment Center fliegst/fährst/rennst und zwischendurch und abends im Hotelbett mit Laptop (schön warm zwischen den Beinen) die Slideschlacht vers_025_8.pptx von deinen Kollegen überprüfst und dich über all die fucking Fehler aufregst, dann kurz überlegst und die ganze Scheiße noch einmal selbst überarbeitest, weil du glaubst, du kannst es ja eh am besten. Wenn du noch nicht so lange im Geschäft bist, geht dir der Arsch auf Grundeis, weil es endlich einen ersten/zweiten/dritten

Auftrag braucht, um deinen Quartalsbonus auch zu erreichen.

Letzte Version der Pitch-Präsentation „vers_final_final2.pptx" fertig in der Tasche – je nach Kunde und Managementlevel auch in Farbe und auf Hochglanz gedruckt; Adapterkabel für Beamer, iPad check, Visitenkarten check, Anzug check, Make-up check, Benzin check, Stau check, los!! Mit 'nem Kollegen oder zwei auf die Jagd – ja so fühlt es sich an.

Im Auto dann mit dem Laptop auf dem Schoß (finde das immer noch so lustig dieses Wort, Laptop, unglaublich bescheuert!) Egal, habe ich also meinen „auf dem Schoß" auf dem Schoß und ändere noch die Slides von denen der Chef gerade noch gesagt hat: „nee, nimm den Slide nicht (der aber schon fester Bestandteil ist seit Monaten), den kapier ich ja selbst nicht mal, und wenn dann Rückfragen kommen, nicht gut!" Pitch ist dann immer wie im Rausch.

Danach sofort wieder zurück ins Auto, weiter geht's, nächste Jagd wartet schon. Aber noch kurz Feedback-Talk mit Kollegen im Auto, was war gut, schlecht, mittel, was haben wir verkackt, was haben wir wieder mal super gemacht, haben wir doch wieder geil hinbekommen, man sind wir… usw. usw. und noch auf der Autobahn, direkt Sales Director Europe eine Mail schicken. Kick!

Aber für den Fall, dass man danach noch ein wenig Zeit hat, dann verlangsamt man den Gang aus dem Gebäude, hält sich noch am Empfang länger auf als nötig oder wartet im Auto und macht da schon mal eine kurze Feedback-Schleife, immer in der Hoffnung, zu sehen wer noch zum Pitch eingeladen wurde und welche Konkurrenz gleich vorfährt. Den Moment habe ich immer geliebt – der war so entspannend – und manchmal so ernüchternd.

Manchmal weiß ich selbst nicht so genau, was wir da alles an Services und Produkten so verkauft haben, aber es hat funktioniert. Nur hattest du dann manchmal auch Kunden an der Backe, für einen zu langen Zeitraum, auf die du eigentlich keinen Bock hattest – aber schön nix anmerken lassen. Aber gut, ich hatte immerhin einen, jetzt hieß es, gute Qualität abliefern, tolles Kundenmanagement, Kunden ausbauen und so weiter und so weiter, was mich zum nächsten Kapitel bringt, dem Kunden.

DER KUNDE

Da gibt es ja auch solche und solche – aber fangen wir mal vorne an. Das wichtigste Gesetz eines Beraters: „Kundenorientierung ist Key!" Wer eigentlich von wem Kunde ist, ist dann noch einmal eine ganz andere Frage.

Los geht's – in meiner Branche als Berater war ich teilweise bei zwei bis drei Kunden an einem Tag vor Ort und habe delivered, dann ein wenig Business Development via Calls, Skype oder E-Mail und abends dann noch ein Geschäftsessen mit wichtigen anderen Kunden oder zukünftigen Kunden oder Kunden vom Kunden – for whatever reason. Das war alles „Arbeit" für mich, nicht privat – und nein, ich beklage mich nicht über ein Überstundenkonto, das von hier bis zum Mond reicht, denn ich habe den Vertrag zur Glückseligkeit ja unterschrieben, ich bin ja das Geschäft eingegangen.

Zurück zu den Kunden – wenn man zu diversen Kunden auf nationaler oder europäischer Ebene unterwegs ist, muss man sich in so einigen Dingen anpassen, die vier Wichtigsten:

1) Sprache – bei einer altdeutschen, traditionellen Versicherung doch keine Anglizismen verwenden, bitteschön – und umgekehrt nicht den Bankenstaub in das amerikanische Tech-Unternehmen

2) Geschwindigkeit – in einigen Unternehmen tickt die Uhr noch sehr langsam, am Anfang hat mich das verwirrt und ein wenig aus der Spur geworfen (das war wie eine

Vollbremsung von 200 km/h auf 0 in 5 Sekunden) – bloß den Stress nicht anmerken lassen – denn:

Meine Hypothese zum Erfolg von Beratungen: sie sind den Kunden immer nur einen winzigen Tick voraus – einen winzig kleinen Tick – der ist so klein (aus Beratungsperspektive natürlich, aus Kundensicht sollte er subjektiv als riesig wahrgenommen werden), aber er ist so profitabel, dass es mittlerweile mehr Berater als Bauarbeiter, Krankenschwestern und Feuerwehrmänner zusammen gibt. Oh Mann, Berater sind smart, die meisten jedenfalls, manche auch sehr smart, ackern wie Blöde, und das ist das Erfolgsgeheimnis – sie investieren mehr Zeit und erarbeiten sich somit einen gedanklichen Vorsprung, den sie auch mit extrem gutem Excel und PowerPoint sehr schnell zu Papier oder an die Wand bringen. So jetzt ist es raus! Berater sind Spezialisten, das ist auch gut so. Berater, die zu viele Kunden betreuen verlieren an Geschwindigkeit. Daher sind diese Mega-Projekte, wo 40–50 Berater (meistens IT) an einem Standort in der Pampa das ganze Hotel in Beschlag nehmen und dabei Punktesysteme von Hotelketten crushen, völlig normal. Sie sind so tief drin im Projekt, dass ein Angestellter immer den Überblick verliert.

3) IT Ausstattung – man muss als Berater ja immer hip sein – immer neuestes Smartphone, neueste App, besten Tarif/Flats etc. aber damit noch nicht genug. Man schleppt ja sowieso schon einen Laptop mit sich rum (wann wird es endlich mal soweit sein, dass das Geschleppe aufhört. Bin für Smartphone mit Beamfunktion oder einem Laptop der weniger als 500 Gramm wiegt. Und wenn man dann für einen Kunden arbeitet, der auch in der Branche tätig ist, dann wird's spannend. Habe ich die richtigen PC-Mäuse eingepackt für die Teilnehmer, die das Planspiel durchführen bei einem der größten IT-Konzerne der Welt? Nein, doch nicht die von *der* Marke, diesmal die anderen. Habe ich die richtigen Laptops eingepackt für einen der größten IT-Konzerne der Unterhaltungsbranche – nein, nicht diese, die von der anderen Marke. Das ging so weit, dass ich bei einem Kunden (meinem Lieblingskunden – ja sowas gibt es auch) den richtigen WLAN-Router mitnehmen musste (da dieser den selbst vertreibt), aber es zu der Zeit noch kein WLAN im Büro gab. Man kann es sich nicht vorstellen, aber das war wirklich einmal so. In einer Generation wie meiner kenne ich den Beruf zwar nicht ohne PC, aber ich kenne noch Vorlesungen und ACs mit Overheadprojektoren (hiermit oute ich mich als Wessi, denn als Ossi sagt man dazu auch Polylux – und dann gibt es noch den MuFuTi).

4) Kleidung – ich habe mich da insofern angepasst, dass ich mir so einen Standard-Look angezogen hab. Der passte überall, bei allen Kunden, nicht zu modern, nicht zu konservativ, nicht zu auffallend, immer etwas dezent, aber mit der Zeit, sah ich fast jeden Tag gleich aus: schwarz, schwarz, schwarz, blau, dunkelblau, grau, schwarz, schwarz, mal braun, beige, schwarz, schwarz. Es war praktisch, war konform, fiel nicht aus der Reihe, fiel nicht auf, ich fiel nicht weiter auf, mir fiel das nicht auf.

Kundenorientierung – ein Lieblingszitat für mich zu diesem Thema:

> *„If I had asked my customer*
> *what they wanted, they would have said*
> *a faster horse."*

> \- Henry Ford -

Da steckt so viel Weisheit drin, das hat mich umgehauen, als ich den Satz zum ersten Mal im Silicon Valley gehört habe. Als Berater musst du fachlich fit sein, den Kunden ein wenig voraus sein, aber auch innovativ – du musst Gegebenes hinterfragen und neue Lösungen aufzeigen (und das so, dass der Kunde sich nicht überrumpelt fühlt – weil zu schlau darf man ja auch nicht rüberkommen – auch wenn man es meistens ist). Für mich ist dies ein Leitspruch (manchmal auch Leidspruch) gewesen all die Jahre, denn egal welchen Job man macht – Kunden (extern wie intern) hat man immer.

Was mich an Kunden immer fasziniert hat, ist, dass die Welt, in der sie arbeiten, deren berufliche Wirklichkeit, so stark und starr zugleich ist. Sorry to say, aber wenn man in seinem beruflichen Leben nicht mehrere Firmen gesehen hat, wie sollen die es dann wissen. Ich wage mal einen Vergleich (oh je, gleich gibt es Schimpfe): wenn man sich nur in einem kleinen Dorf aufhält, wo man aufgewachsen ist, sich als Urlaub ein All-Inclusive-Hotel in Hurghada gönnt und Menschen, die nicht so aussehen wie man selbst nur aus dem Fernsehen kennt, dann weiß man auch nicht, was es noch auf dieser Welt an tollen Dingen, Menschen, Kulturen, Religionen, Musik etc. gibt. Jeder sollte offen sein für Neues, Anderes, neugierig sein, sich auf den Weg machen. Das ist das, was Berater lernen und sie sind auch hungrig danach, manche sind zu hungrig. Zu viele Menschen in Unternehmen sind mit der Zeit verrostet – und als Berater braucht man das richtige Maß an Öl, Schleifpapier und Lack, um einen guten Oldtimer wieder in Schuss zu bringen – auch wenn dazu manchmal ein neuer Motor, neue Reifen und auch mal ein neuer Fahrer notwendig ist.

Kunden können so verdammt anstrengend sein, so verdammt demanding, so egoistisch und egozentrisch, so hilflos, so uneinsichtig, so beratungsresistent, so besserwisserisch (ein Vorstand hat für ein 360°-Feedback doch wirklich die 9-stufige Likertskala einführen wollen. Wir haben es gemacht, oh ja, wir haben es gemacht. Ob er wohl mittlerweile weiß, dass es die gar nicht gibt?).

Ich werde auch nie meinen ersten eigenen Kunden vergessen. Das ist wahrscheinlich wie für andere das erste eigene Pferd. Die Verantwortung war grandios und ich motiviert wie Bolle. Wenn du dir die Nächte um die Ohren schlägst, alles viermal mehr überprüfst, wenn du alles tust, um dem Kunden eine perfekte Lösung zu liefern, dann weißt du als Berater, dass du in die Falle gegangen bist – du hast einen Lieblingskunden. Das ist wahrscheinlich so wie bei Lehrern mit Lieblingsschülern – man ist verklärt, strengt sich an, nimmt ihn in Schutz, man erzieht ihn, man pflegt ihn, man macht auch mal was extra, man ist erreichbar und verdammt, man hat jede Menge Spaß mit den Leuten (nicht zu verwechseln mit D(i)ELOITTE). Also, ich finde den Witz ziemlich gut! Ihr müsst den Namen so schön richtig nordisch, hamburgerisch aussprechen: „Die Leude".

Also, mir hat es immer mega Spaß gemacht, wenn die „Leude" locker, echt, authentisch, offen, partnerschaftlich und humorvoll waren. Nein, das war jetzt nicht meine Angabe beim Feld „Ich suche" bei einer Datingplattform, sondern die Art von Kunden mit denen es sich nicht wie Arbeit angefühlt hat. Ich nenne jetzt mal keine Namen aber der Kunde hat fünf Buchstaben und kommt aus einer Stadt wo man mal Blumen im Haar getragen hat. Wenn ich könnte würde ich jetzt die Musik der Spielshow Jeopardy einspielen, aber dann hättet ihr die die ganze Zeit im Ohr „dümm di dümm di dümm di dümm, dümm di dümm di dümm di dümm" – geschafft? Bitte denke jetzt nicht an die Jeopardymusik – bitte nicht an die Jeopardymusik denken.

Aber neben Lieblingskunden, Hass-Kunden, ewigen Kunden, Key Accounts, gibt es auch Kunden, die verloren gegangen sind und die man wieder reanimieren muss – das nennt man dann „Successful Customer Recovery". Ich habe in unserem großartigen CRM-System einen Kunden gefunden mit dem wir über 5 Jahre jedes Jahr einen sechsstelligen Umsatz erzielt hatten, aber dann war auf einmal finito – und der Hauptsitz des Kunden befand sich auch noch in der Nähe, unglaublich. Auf Nachfragen bei den Kollegen: „keine Ahnung", „der Key Account Manager von damals ist schon lange nicht mehr da", „da war mal was vorgefallen", „der Kunde war unzufrieden", „genaueres weiß man nicht". Hallo? Jemand zu Hause? Das ist ja wie über Goldbarren gehen ohne diese aufzuheben, also wirklich. Ich hatte auf jeden Fall Lust auf Recovery. Ist irgendwie so ähnlich wie bei einem klassischen Sonntagabend-Tatort, nur anders. Der Kunde ist schon tot und ich will mit genauen Recherchen, Nachfragen, und dem Zusammensetzen eines Puzzlestückes nicht den Misserfolg des damaligen Beraters herausfinden, sondern wie nur es ein Chuck

Norris könnte, den Kunden wieder zum Leben erwecken, nur brauche ich dafür nicht eine dämliche Fresse, einen Sprachfehler und zwei meiner Kinder als Komparsen.

Also, wie war das doch gleich, als erstes einmal Ziel anvisieren: Kunden wiedergewinnen – egal wie – wird schon – einfach mal anfangen! Okay, das ist jetzt nicht wirklich SMART formuliert, aber was soll's.

Ich: „Chef, kann ich da mal?"

Chef: „Klar!"

Da habe ich doch einfach mal angerufen bei der Frau Dr. Kunde, die geht natürlich nicht dran, Nummer war of course weitergeleitet zu Ihrer Assistenz (natürlich, immer, was sollte ich denn anderes erwarten bei einer direkten Durchwahl, pfff).

Assistenz: „Nein, Frau Dr. ist nicht im Hause – worum ginge es denn? Ah das Projekt, nein das ist momentan auf Eis gelegt."

Ich: „Könnte ich denn ggf. Herrn Dr. Sowieso sprechen, der war ja damals auch dabei? (jedenfalls sagt das der Eintrag von dem Key Accounter, den auch kaum noch einer kennt, in dem CRM System – Dankeschön!) – puh, ob die Strategie klappt …

Assistenz: „Ach, ähm, ja, der Herr Dr. Sowieso wäre heute im Hause."

Ich (wohl wissend, dass Herr Dr. Sowieso der Chef von

Frau Dr. ist und damit der eigentliche Entscheider): „Ja, das wäre ja großartig, wenn ich mit Herrn Dr. Sowieso sprechen könnte, das wäre ja geradezu… Das würden Sie für mich versuchen?"

Assistenz: „Gerne. Einen Moment"

Ich: „Scheiße, Scheiße, Scheiße" (denke ich zumindest nur – so schlecht vorbereitet und dann kommt die große Chance mit Big Boss zu sprechen viel schneller als ich dachte… oh Mann… jetzt heißt es mal wieder Augen zu und durch – i-m-p-r-o-v-i-s-i-e-r-e-n…)

Das Gespräch dauert keine zwei Minuten und ich habe für nächste Woche einen Termin. YES! Recherchen fielen mehr als dürftig aus, daher Blick nach vorn, was könnte der Herr Dr. Sowieso wollen, woran könnte er interessiert sein?! Verkaufsstrategie erstellen. Präse basteln. Bähm, fertig.

Morgens um 9 Uhr habe ich den Termin, da bin ich gar nicht erst ins Büro gefahren. Nachdem ich in der Hamburger City mal wieder keinen Parkplatz bekommen habe und dann doch mal das Parkhaus genommen habe – wessen Geld will ich da eigentlich sparen? Egal, rein zu dem Herrn Dr. Sowieso. Wir plaudern über alles, über Kunst, Literatur, Theater, Aktuelles, menno, die Zeit läuft mir so was davon… am Ende kommt er aber doch noch mit seinen Ideen und Wünschen um die Ecke, hab wohl den Test bestanden. Er hat so viele Bedarfe geäußert, dass ich gar nicht alles so schnell mitschreiben kann. Bis wann ich dafür ein Angebot erstellen könnte?! Ähm, morgen Abend? Gebongt! YES!! Adrenalin, Dopamin und Serotonin fließen durch mich hindurch.

Der Herr Dr. Sowieso war gebildet, neugierig, nicht nachtragend und weiß was er will. Und zum Glück können wir genau das. Also, ab ins Büro und Proposal basteln! Ein Kompetenzmodell soll u.a. her, aber eins bei dem man auch die „olfaktorische Kompetenz" der Sales-Mannschaft berücksichtigen soll – sehr spannendes Projekt: Düfte in Worte zu fassen.

AUF REISEN

Klingt ja immer gut: „Bin auf Geschäftsreise" oder auch im E-Mail-Abwesenheits-Assistent „out of office" - ein anderes Wort für „ich kann Ihre E-Mail nicht in der nächsten Stunde beantworten, aber klar, ich antworte Ihnen gerne heute Abend, nach meinem 14-Stunden-Tag beim Kunden, aber klar, natürlich am gleichen Tag, denn Sie sind ja sooooo wichtig (nicht für mich) und ich würde es doch nicht wagen, Ihnen nicht am selben Tag zu schreiben. Ja, so ist das auf Reisen, jetzt mit Wifi im Flieger kann man ja auch skypen und chatten und Mails machen – YEAH – vorbei mit dem letzten Offline-Ort auf diesem Globe und der Fliegermappe für den CEO – vorbei vorbei vorbei.

Am besten ist, wenn du denkst, du hast wenigstens die An- und Abreise für dich allein. Oder nur mit einem Kollegen oder mit einer Assistenz. Well, Pustekuchen, es gibt auch Kunden, die gönnen dir nicht mal das. So kannst du die An- und Abreise nicht mal nutzen, um für Kunde 2 zu arbeiten obwohl Kunde 1 dafür zahlt. Da dieser Kunde ja König und/oder Key und/oder sonst was ist und uns ja die Hinfahrt zum Hotel im Zug bezahlt, hat er uns auch direkt für die Anreise im Zug schon gebucht. So findet die Beobachterschulung nicht vor Ort im Konferenzraum, sondern während der Zugfahrt statt – zwischen all den anderen Reisenden. Dieser geizige Kunde hatte noch nicht einmal ein Abteil für uns sechs Personen gebucht, nein, das wäre ja doch zu komfortabel gewesen, nein, einen

Vierertisch mitten drin im Ruheabteil – herrlich! Einen der Beobachter (Führungskräfte des Kunden) kannte ich noch gar nicht, aber der hatte einen süßen A... nicht hinschauen – doch hingeschaut, oh Mann, nicht weiter denken... egal, weitermachen. Herr Süßer A stellte sich dann vor und es kam heraus, dass er für einen Kollegen eingesprungen ist, also wirklich eingesprungen, er hat nicht mal einen Koffer dabei. Okay – wir legen mit der Schulung los – nach 4 Stunden Zugfahrt sind wir endlich im Zielbahnhof angelangt. Und wie schön, Herr Süßer A hilft mir bei meinem ganzen Gepäck und muss sich vor mir bücken, zweimal, herrlich!! Wir sind in Laufweite der Hotels entfernt – ja, du liest richtig, Plural. Dieser Kunde spart, denn es geht ihm finanziell mies, richtig mies, aber das dürfen die ggf. zukünftigen Trainees doch jetzt noch nicht bemerken, daher alle rüber in das schöne 5-Sterne-Hotel und alles vorbereiten für den morgigen Start zur internationalen Trainee-Auswahl. Nachdem wir dann alles vorbereitet hatten, mit dem Kunden noch zu Abend gegessen, rollen wir Berater mit unserem Gepäck wieder raus aus dem Hotel über die Straße in das andere Hotel, ein 3-Sterne Ibis-Hotel – aber ein gutes (schlimmer sind die Maritims dieser Welt mit ihren goldenen Armaturen und der Eiche rustikal in der Suite). Und wie wir da so rollen, rollen uns doch die Beobachter hinterher... oh je, dem Laden geht es wirklich nicht so gut... gleich mal Vermerk im CRM machen und Info an Deutschland-Chef

– Lage des Kunden auf europäischem Markt checken. Nach einer kurzen Nacht eile ich aus meinem Hotel-Zimmer, um in dem Auf-der-anderen-Straßenseite-Hotel alles vorzubereiten. Tür zu, Schlüssel einstecken, runter den Flur entlang. Oh, oh lala, was ist das denn… da kommt mir doch der Herr Süßer A oben ohne und nur mit einem Badehandtuch bekleidet entgegen… nice Body, Mann! Er selbstbewusst „Guten Morgen, Frau Dr. Taylor", Ich: „Ähm, Guten Morgen". Beide: Grins. Er hat ja keinen Koffer, der Arme… Da leiht er sich schnell mal Klamotten vom Kollegen. Ich habe jetzt Bilder im Kopf…also die ganzen zwei Tage. Nach dem AC wieder alle gemeinsam in den Zug, gleiches Szenario wie bei der Hinfahrt: Großraum, 6 Personen, Beobachterkonferenz. Wir sind geübt: 10 Kandidaten in 4 Stunden, ohne Namen nennen, damit im Zug keiner was mitkriegt, Datenschutz und so, nee is' klar. Hält sich doch eh keiner dran. Wenn man in Deutschland wissen will wie es wirklich um die deutsche Wirtschaft gestellt ist– einfach mal eine Stunde in der ersten Klasse ICE fahren, dann weißte Bescheid.

„Nein, der Poldi nicht. Schweini? Weiß nicht, der ist noch nicht so weit… was ist denn mit Müller los? Setz mal den Neuer mehr unter Druck". Nee, das kann doch nicht sein, ich dreh mich um, ja und da sitzt er da, der Nivea-Mann – obwohl Beiersdorf doch nie Promis engagiert hat, selbst Gisele Bündchen als Idee wurde verworfen (sowas erfährt man dann auch wenn man in Führungsetagen unterwegs ist) und dann gibt es jetzt auf einmal den Löw – der sollte bei Beiersdorf mal ins Labor und seine Haut „in 20 Jahren" und „zigtausend Zigaretten später" simulieren lassen – das können die – gar nicht schön anzusehen. Also man erfährt nicht nur wie es um die Wirtschaft bestellt ist, sondern auch wie die nächste Aufstellung der Nationalmannschaft aussehen wird, ich schweife ab.

Die Gespräche bei uns eher so: „Herr D1, nee, Herr D2, nee, der andere, ja genau, nein jetzt machen wir doch D1, sie bringen da was durcheinander, ja, genau der, der mit der Brille, nein, nicht der Sitz-Zwerg, der, der in der Gruppendiskussion gar nix gesagt hat, ach der, ja genau der!" Das ist so ein bisschen als ob man einem guten Freund einen Film empfehlen will: der Film, in dem der Typ, der Herr, ach wie heißt der denn gleich, na der, der doch in dem Film, nee, der nicht, der andere, nee, der auch nicht, der mit dem, der hat doch auch, ja genau der!

Wir haben es jedenfalls geschafft, wir sind zu einer Entscheidung gekommen – im Zweifel für den Kandidaten. In diesem Falle haben wir die Schuld auf uns genommen, dass die Chinesin nicht ganz so gut punkten konnte in der Case Study weil sie sich schwertat, da das Produkt „Sun-Tan-Lotion" für sie so völlig neu war und sie gar keine Referenzpunkte nutzen konnte. Vermerk im Projektbuch: neue Case Study entwickeln: verschiedene Versionen für unterschiedliche interkulturelle Backgrounds, damit keine Benachteiligung stattfinden kann (wir haben dann eine Version mit „Whitening Lotion" für APAC entwickelt, aber das weißt du ja schon).

(Denkst Du eigentlich noch an die Jeopardy-Musik?)

So, Cut! Sprung!

Zu Hause angekommen packe ich mal wieder meinen Koffer aus (nee, jetzt nicht an das Kinder-Merkspiel oder einen Elefanten denken). Das Ganze dauert nicht mal eine Viertelstunde. Morgen früh wieder ins Taxi, mal wieder nach München fliegen, abends aber wieder im eigenen Bett schlafen, herrlich nur mit Handgepäck fliegen.

Wenn man viel unterwegs ist – also um denjenigen unter uns mal einen Eindruck zu vermitteln, was viel ist über einen Zeitraum von so vielen Jahren: 5–6 Koffer-Sets, natürlich evolutionär bedingt zu Beginn mit zwei Rollen und dann mit vier (toll gemacht Industrie) und 20–30 Anzüge // Kostüme // Blusen // Unterwäsche-Sets und dazugehörige Anzahl an Schuhen – immer einen Teil in der Wäsche, einen Teil in der Reinigung und einen Teil auf dem Haufen für Vielleicht-bügel-ich-ja-doch-Sonntagabend-noch-damit-ich-meine-Lieblingsbluse-wieder-anziehen-kann. Da braucht man einiges an Klamotten – ich habe die nie als Arbeitskleidung abgesetzt, denn ich hatte gar keine privaten Klamotten mehr.

Münchner Flughafen, Ismaning, soweit draußen, das dauert immer soooooo ewig mit dem Taxi nach Schwabing und Co. Am Taxistand brüllt der Taxifahrer des ersten Taxis mich an – ich weiß nicht genau, was er mir sagen will, da ich seine Sprache nicht so ganz verstehe, aber wer mich wild gestikulierend, grimmig dreinschauend (hat vielleicht noch Nachtschicht gehabt) so früh morgens anbrüllt, dass ich zu ihm kommen soll, der ist bei mir unten durch. In dem Moment, in dem dem Taxifahrer klar wird, dass ich a) noch nicht wach bin und b) so ein Verhalten absolut nicht leiden kann, wird er noch lauter und fängt an auch die anderen Taxifahrer anzubrüllen. Mittlerweile ist die Traube der anderen Fluggäste eingetroffen, ein blödes Spektakel morgens um 7 Uhr irgendwas. Naja, ich wollte auf keinen Fall mit diesem Taxifahrer die nächsten 45 Minuten im Taxi verbringen (jawohl, er hat sich gerade eine richtige fette Beute entgehen lassen). Ich bin dann zum zweiten Taxi gegangen und bin dort eingestiegen. Der Taxifahrer musste sich einiges anhören, aber zum Glück kann Frau ja immer noch ihr Taxi frei wählen. Der Taxifahrer freute sich sehr über die lange Fahrt und nahm mich dann fünf Stunden, zwei 360°-Feedbackgespräche und ein Mittagessen später gerne wieder mit zurück.

Auf der Rückfahrt fragte er mich, warum ich den ersten Taxifahrer am Morgen nicht ausgewählt habe. Ich habe ihm erklärt, dass in meiner Welt der Kunde immer König ist und diese Einstellung auch wenn ich mal Kunde bin zu schätzen weiß. Er hat von mir 10 Euro Trinkgeld bekommen (das nicht auf der Quittung war). Zurück am

Flughafen. Ich habe noch etwas Zeit und warte in der Abflughalle aufs Boarding. Neben mir sitzen zwei Asiaten, beide aus Singapore (ihr rechnet doch jetzt nicht damit, dass ich die deutsche Version von internationalen Städten benutzte (-pur) – pah, ich finde es sowieso so affig, dass StädteSlashOrte nicht so benutzt werden, wie es die Bewohner dieser StädteSlashOrte tun. Munich – nee, ist München – jedenfalls auf hochdeutsch. Aber New York – NEFF JORG – sagt ja auch kein Mensch. Auch bei Ländern: Suomi oder Niieeeehong (Nippon) sagt auch keiner – voll der DISRESPECT oder?!

Also, ein Pärchen aus Singapore auf 8-tägiger Reise durch Europe. Man kommt ins Gespräch, und nein, ich habe echt gar keine Idee, was man aus Deutschland als Souvenir mitnehmen sollte, nein, bitte keinen Kuckucksuhrenmist – ich versuche jedem außerhalb von Deutschland klar zu machen, dass wir die nicht mehr in unseren Wohnzimmern hängen haben. Der Mann verabschiedet sich kurz, er muss mal ums Eck, und ich plaudere weiter mit seiner Ehefrau. Sind ja immer ein wenig schwer zu verstehen die Leude aus Singapore – die hängen immer überall ein „le" ran – als wären die Schwaben. Mein schwäbischer Physiologie-Professor hat früher immer „Blutkörper-le" gesagt und ein lecker Kommilitone, ein schwäbischer Frauenliebhaber hat gern mal „ein Ficker-le machen" gesagt.

Der Mann kommt zurück, mit hoch rotem Kopf und immer noch unentspannt, sprich, war wohl doch noch nicht für

„Königstiger". Er sprach hektisch mit seiner Frau, die sprach mich an und fragte: „Ob es denn üblich sei, dass in Deutschland auf der Herrentoilette auch Frauen zugegen sind?", Ich: „Nein, eigentlich nicht. Was ist denn passiert?" Ihr Mann hat die Tür zur Herrentoilette geöffnet und hat nur Frauen sichten können, da wollte er dann nicht hineingehen. Wir sind dann alle drei Richtung Toiletten gegangen und er zeigte mir die Tür. Auf der Tür stand „Damen" – er las „da MEN".

Neben der ganzen Fliegerei, fahre ich (wie ihr ja mittlerweile wisst) ja auch viel zu viel Zug und dafür braucht es keine Rechtfertigung. Auch wenn mich nicht die Verspätungen, kurzfristigen Gleisänderungen, Reservierungsaufhebungsmomente etc. aus dem Gleichgewicht bringen, was mich wirklich nachdenklich macht, sind Menschen, die ihren Rucksack (zu Rucksäcken habe ich sowieso ein schwieriges Verhältnis ebenso wie zu Fahrradhelmen) auf den Nebensitz stellen und diese nicht ohne direkte Ansprache oder sogar nach direkter Anfrage, nicht zur Seite nehmen. Beispiel: in einem völlig überlaufenden Zugabteil zwischen Düsseldorf und Köln am frühen Freitagmorgen,

Ich: „Entschuldigen Sie bitte, ist der Platz noch frei?"

Rucksackbesitzer: „Nein."

Ich: „Wann kommt denn Ihr Sitznachbar wieder?"

Rucksackbesitzer: „Da sitzt keiner."

Ich: „Könnte ich da denn bitte Platz nehmen?"

Rucksackbesitzer: „Nein!"

Da der Besitzer des Rucksacks nicht nur mir gegenüber intolerant war, sondern auch allen anderen Menschen, die im Zug stehen mussten, fragte ich Folgendes (kann ich dir, lieber Leser, nur empfehlen – kommt immer gut):

Ich: „Kennen Sie den kategorischen Imperativ?"

Rucksackbesitzer: „Häh?"

So ein Häh wie von Bjarne Mädel im Tatortreiniger, also so richtig, so ein richtige HÄH! Das hat mir dann als Genugtuung bis Köln gereicht. Aber Europa per Zug? Das machen nur Mitarbeiter von Klimaschutz-NGOs, doch nicht wir Berater von Welt, das könnte doch keiner bezahlen (also die Zeit, die wir in diesen Zügen verbringen, nicht das Ticket). Also wird schön innerhalb von Europe hin- und hergejettet – täglich hin- und zurück – wer mehr als seine Laptoptasche dabei hat fällt am Gate doch schon sonderbar auf.

Also, wieder Flieger, morgens schön früh, nee...heute den ganzen Tag in London für ein internationales Manager-Screening bei einer Bank mit einem englischen Kollegen, zum Glück habe ich nur Handgepäck dabei. Tag vergeht wie im Flug – 18 Uhr – alles supi gelaufen. Bin auf die letzte Maschine nach Hamburg um 20 Uhr in Heathrow gebucht – also alles rein in den Rollkoffer, danke, ja, danke, ja mir auch, danke, very much appreciated, yes, indeed, thanks, take care, bla bla bla. PING, Aufzug kommt, ping, Aufzug geht auf, raus aus dem Gebäude, rechts rum, 150 m, dann ab in die Katakomben, links, rechts – fummeln in der unendlichen Tiefe der Laptoptasche – wo ist die geliehene Oystercard vom englischen Kollegen – Mist, vergessen, Automat, falsches Ticket gekauft, muss aber nun, schnipp, schnapp durch den Kontrollautomat, Rollkoffer anheben, weiter, vorbei an Gitarrenspieler, Trompetern und sogar einem Saxophonisten heute, stickig, weiter, weiter, Luftzug (nein, nicht frisch), voll zu voll, kein anderer hat nen Koffer, komisch, weiter, rechts rum, Gleis, Subway kommt, Türen auf, „Mind the Gap", Türen zu, keiner hat verdammt noch mal einen Koffer. Warum ich eigentlich? Nächste Station, nächste, nächste, nächste, heiß, so unsagbar heiß. Anzeigetafel: STOP. Wir fahren nicht, wir fahren nicht, wir fahren nicht!!! Wir fahren, wir fahren sooo langsam, da ist mein Rollkoffer schneller – allein! Endlich, Heathrow kommt in Vorstellungsnähe, Uhrzeit:

19.30 Uhr, das wird soooo mega knapp, dann Tür auf, „Mind the Gap" und ich renne, ich renne was die High-Heels hergeben – ich bin Florence Griffith-Joyner, in blond und mit halb so langen Fingernägeln, Aufzug, Check-In-Schalter: Boarding ist schon abgeschlossen. WAS?? Es ist doch erst 19.51 Uhr – WAS? WAS? Ein Mann mit orangefarbener Weste kommt zum Check-In: „Ja, die Maschine ist zu." WAS?

In dem Moment brechen alle Dämme: ich muss doch morgen früh von Hamburg nach Frankfurt, dort im Frankfurter Büro noch gemeinsam mit meinem Chef alle Rechnungen nach London an dem letztmöglichen Tag des Monats raushauen, dann auf die Autobahn Richtung Süden nach München fahren – wie soll denn das jetzt alles gehen? Und damit nicht genug, wo soll ich denn jetzt pennen? Wann geht denn die nächste Maschine? Ich, ich, ich – ich habe mich gerade 2 Stunden durch die heiße Tube in London geschlagen, habe nix gegessen, nix getrunken, habe Kratzer und Dellen wie mein Rollkoffer und wofür, für nichts – für nichts! Ich mag nicht mehr, die letzten Wochen, nein ehrlich gesagt Monate, und ganz ehrlich Jahre, waren fucking anstrengend, aber ich bin immer weiter gerannt. Jetzt wurde ich bei voller Fahrt auf der Überholspur ausgebremst. WHAM! Das würde jetzt auf einem Pop-Art Bild von Roy Lichtenstein stehen WHAM – in so 'ner Comicblase!! Da drunter diese blonde Tussi mit einer Träne unter den Augen und roten Fingernägeln.

Ich FLENNE, ja ich flenne vor allen los. Vor dem Schalterpersonal, vor den anderen Fluggästen in der Schlange hinter mir, ich flenne, ich weine... und kann gar nicht mehr aufhören.... Ich gehe nach draußen, frische Luft, endlich frische Luft! Warum mach ich das alles nochmal? Ich habe keine Ahnung. Chef informieren, Chef sagt nur: „No worries". Okay, Flug umbuchen für den nächsten Morgen nach Frankfurt, Hotel finden, Taxi zum Flughafenhotel, Dinner aufs Zimmer (22 Uhr), und dann ja... 4 Stunden Zeit für Schlaf bis zur ersten Maschine am nächsten Morgen – alles für 230Pfund – das macht pro Minute Schlaf ~9Pfund!!

Aufwachen, Boarding, Flug über die Nordsee, schwupps gelandet in Frankfurt, okay, morgens um 10 Uhr bin ich im Büro! Noch ein paar Meetings, wenn man schon mal da ist und dann kann es also um 14 Uhr los gehen nach München – der Chef fährt – alle freien Autobahnen nehmen, die man kriegen kann, Chef fährt sogar fotofrei durch Würzburg, Kompliment!

Als ich meinen ersten Arbeitstag in der neuen Beratung hatte, sagte mir mein Chef, dass der Firmenwagen erst Ende der Woche ankommt und nuschelt was von sorry. Naja, das fängt ja gut an, aber ich konnte das noch toppen und antwortete: Auch sorry, denn ich darf in den nächsten Monaten vier Wochen gar kein Auto fahren – SORRY! Ich war mal wieder im Osten der Republik zu schnell unterwegs gewesen: Baustellenzeichen, 120, 80, Baustelle

– boom – wie soll man das denn bitte schaffen, wenn man mit ca. 190 Sachen unterwegs ist? Das ist doch voll die Masche... ich habe es immerhin von 190 auf 126 geschafft, mehr war nicht drin Leute, mehr war echt nicht drin... ich hätte dem Amt auch angeboten, dass ich das gerne noch einmal vorführe, mehr ging wirklich nicht. Okay, es war das erste Mal, daher hat sich Vater Staat kulant gezeigt und ich bekam meinen Lappen wieder (damals noch den pinken mit meinen angedeuteten Dreadlocks – ich wollte welche, aber nach 6 Wochen habe ich es sein lassen, aber da musste dann das Foto her). Kompliment also, wir kommen dann mit Stau, Baustellen und allem so gegen 20 Uhr in München an. Einchecken im Hotel, was beim Lieferservice bestellen, Laptops aufklappen und auf zum großen monatlichen „Rechnungsschreiben" – Headquarter in London wartet schon. Wir haben in der Nacht so viele Rechnungen geschrieben – alles vor 1 Uhr nachts, sprich vor London midnight time – YES!!!! Alles rechtzeitig ins CRM-System gehackt. Schlafen mit so viel Adrenalin, okay, 4 Stunden müssen ja auch mal drin sein.

Welcher Tag ist heute? Wo bin ich nochmal?

Freitag, München. Einen ganzen Tag mit zwei Führungskräften aus Südafrika und ein Raum ohne Fenster – herrlich!

Am Montag bekomme ich dann den vollen Verdienst meiner Anstrengungen zu spüren: Chef-Chef beschwert sich bei mir, dass die Invoices rechtzeitig aber doch viel zu spät im System seien. Na wunderbar, piept es bei dem oder was? Den habe ich seit Monaten nicht mehr zu Gesicht bekommen (wir vermuten alle Burnout) und dann auf einmal so eine Mail. Wie war das noch mal: "People do not leave companies, they leave leaders!" Jawoll!!! Ich habe mal meinem Chef die Mail weitergeleitet, denn er war nicht in Cc.

Noch ne Geschichte: In Deutschland gibt es so viele verstaubte Städte auf dem Land und diese würden aussterben, wenn wir (die Berater) sie nicht wiederbeleben würden, so als eine Art Defibrillator, indem wir dort alle unsere Tagungen, Konferenzen, Kongresse, Meetings, Projekte etc. durchführen. Genau diese verstaubten Städte heißen in Deutschland sehr oft „Bäder". Bad – Bäder - Baden Baden … Nein, ich mach jetzt noch keinen Smiley an diese Stelle, denn a) hat den Witz noch keiner verstanden, weil ich den ja gleich erst erkläre und ihr dann zurück blättern müsst und b) WTF, es muss doch wohl möglich sein auch ohne diese ganzen Smileys, Emoticons, Emoijs, whatever, heutzutage noch zu kommunizieren! Leider ist das ja mehr und mehr der Fall, alle grinsen sich an, Hauptsache immer höflich, keine Meinung, immer gut drauf, aber todlangweilig. Aber wenn ich könnte, ja dann, dann würde ich doch überall lieber einen SMIRKEY einfügen. Ja, ich bekenne mich. Ich als alte Dithmarscherin bin ein ultra- FRAKTUS-Fan! Ich schweife ab.

Bäder: Bad Homburg, Bad Nauheim, Bad, Bad Vilbel – you name it (checkt mal Wikipedia – die Liste ist mega lang). Egal, aber wie muss das für Menschen aus dem Ausland strange klingen. Ein Kollege aus Tokio fragte mich mal, warum wir Deutschen unsere Städte so niedermachen und sogar die Namen denunzieren?! Ich so häh, verstehe ich nicht. Er so: „Bad?" Groschen rolle bitte, ja, ja, jetzt, nee, ach doch, ja genau „BAD = bad"!! Geil, die Vorstellung, wie mein japanischer Kollege bei seiner Deutschland-in-einer-Woche-Tour mit seiner Frau im Reisebus übers Land hetzt und jedes zweite Schild heißt dann „Böses Homburg, Mieses Nauheim, Krankes Vilbel" – Ich: I like.

Alles in allem ist man (frau auch) ständig on the road, daher ist ein Firmenwagen für mich kein Status, sondern Mittel zum Zweck, daher sieht es bei den meisten meiner Kollegen auch eher aus wie in der eigenen Wohnung. Okay zum Reisen gehört ja irgendwie auch das Kapitel eigene Wohnung. Da viele Berater Singles sind oder gerade was am Start haben oder ne Fernbeziehung führen – sprich noch ne kleine Butze irgendwo zum Schlafen haben, und das ist wörtlich zu nehmen. Schlafen, sonst nix. Männliche Kollegen haben daher meist noch WG-Zimmer mit anderen Beratern (Hauptsache sparen – wofür, wissen die auch nicht so recht). Also, Zimmer mitten in der Großstadt, denn man will sich ja abends/nachts nicht noch über die Landstraße, durch 10 Ortschaften mit Blitzern auf den vermeintlichen Heimweg machen. Also, Citylage, mit Parkplatz (der kann dann schon mal so um die 120€ extra Kosten – im Monat wohlgemerkt) & gerne Balkon (viele Kollegen rauchen ja noch und stellen neben den Aschenbecher dann ein halbvertrocknetes Rosmarin-Pflänzchen für den Fall, dass doch mal ne Schnalle mit nach Hause kommen sollte, und dann sieht es so aus als könne man kochen). Dass die meisten Mädels auf den Trick eh nicht reinfallen, weil der Rosmarin aus dem Kräuterregal bei Penny eh nicht länger als zwei Tage hält, muss ich ja jetzt nicht erwähnen. Also Jungs, wenn schon, dann müsst ihr euch schon mal zum Pflanzenhändler eures Vertrauens aufmachen. Ich schweife ab.

Da wir ja alle nur kurzfristig „irgendwo gerade" so sind, sprich arbeiten, wohnen, alles ja immer nur solange wie es hip ist, bis man weiterzieht, höher, schneller, weiter – genial ist es ja wenn man ins Ausland gehen kann – natürlich nicht mit einem Local-Plus-Vertrag – da hat man dann auch eine andere Wohnsituation als die mit dem Rosmarin. Wir sind mittendrin (so hieß zu Studizeiten übrigens meine Lieblings-Cocktailbar: Mittendrin! 3€ und man war am Start – das waren noch Zeiten).

Zurück zum Thema Wohnen. Wohnen = Auto. Das Auto wird zum Wohnzimmer – manche Kollegen hatten echt alles dabei – einige hatten ihre gesamte Garderobe im Auto. Einmal kam ein Kollege am Freitag ins Büro: es waren keine Kunden anwesend und es sollten sich auch keine am Freitag blicken lassen. Wenn ein Kollege das verbockt hat und Kunden an einem FREItag eingeladen hat, dem helfe nur Gott; und liebe Kunden – fragt bitte keine Termine an einem Freitag an, ja? Habt doch ein wenig Erbarmen! Wann sollen wir denn bitte reporten was war und die Kohle ranschaffen, und mal casual Friday zelebrieren, wenn nicht an einem Freitag? Der Kollege also, der war tipptopp gekleidet in seinem Hugo-Boss-Anzug. Schick der Herr, aber warum bitteschön – wegen der netten weiblichen Kolleginnen ja wohl nicht oder? Er druckst rum. Dann, haltet euch fest, sagt er: „Ich hatte die letzten drei Wochen keine Zeit zum Wäschewaschen, war nie daheim, aber die Sachen von der Reinigung habe ich gestern geschafft abzuholen." Tja, auch das kann ein Trend werden: Zeit definiert Kleidung // Mode // Aussehen – herrlich.

Wenn man so viel auf Reisen ist, dann hat man auch Übung in vielen Dingen, die anderen fremd sind: z.B. männliche Kollegen haben es wirklich geschafft und eine neue Königsdisziplin „Essen beim Fahren" entwickelt: indem sie beim Autofahren und telefonieren auch noch einen Döner nebenbei einhändig essen – wohlgemerkt fahrend auf der linken Spur der Autobahn bei ca. 180 km/h. Gibt es darüber eigentlich Unfallstatistiken? Dönerunfälle auf Autobahnen? Unfälle wegen Handy sind so 2000er, oder? Aber besser noch als Döner ist Pommes Schranke.

Pommes Schranke – eine Anleitung in vier Akten (und bitte nicht nachmachen – habe ich mir von einem Kollegen nicht abgeguckt, sondern musste ich viel Male miterleben als Beifahrer und bin viele Tode dabei gestorben – aber irgendwann sind ja auch Männer einsichtig):

Die Situation: Hamburg–Frankfurt oder Frankfurt–München oder nur kurz Frankfurt– Köln – wenn der kleine Hunger um halb zehn pm kommt, dann hilft kein scheiß Knoppers, dann muss Glutamat her – aber so richtig, gepaart mit Fett und Elektrolyten. Wir, zwei Berater, ein Auto, linke Spur bei gefühlten 200 Sachen (man will einfach nur noch nach Hause nach einem 12-h-Tag). Kollege fährt, ich Beifahrer. Wir waren kurz rangefahren, um den Hunger während der Fahrt dann stillen zu können. Er greift in die große Papiertüte, die auf der Mittelkonsole steht, und legt dann die fettige kleine Pommes-Tüte zwischen seine Oberschenkel (ja bei schlanken, knackigen Beratern ist da ein Hohlraum (der allerdings immer häufiger von Smartphones eingenommen wird – ist da ein Nest oder was? Die sterben doch später alle an Elektrohodenkrebs (weiß nicht, ob das besser ist als

Herzinfarkt, den bekommen wahrscheinlich all die alten Spießer, die noch Hemden mit Brusttasche tragen und ihr Smartphone da hineinstecken). Jetzt geht's los.

Akt 1: Man nehme ein bis fünf Pommes mit der linken Hand aus der Tüte, die rechte ist am Lenkrad und versucht das vollgepackte Auto auf der Spur zu halten. (Tempomat ist jetzt nicht so von Vorteil).

Akt 2: Handwechsel – die Linke übernimmt die Führung. Die Pommes salzen und ölen zwar jetzt ein wenig das Lenkrad, aber egal. Die Rechte greift jetzt in die Tüte die zwischen den beiden Sitzen geparkt wurde und versucht mit dem nicht ausgeprägten Tastsinn die Ketchup-Tüte rauszufummeln, dass das noch zwei Quarterpounder with Cheese im Weg sind, stört kaum.

Akt 3: wenn Schritt 1 und 2 erfolgreich abgeschlossen sind, die Ketchup-Tüüüüte so zum Mund bringen, dass die Lippen die gefalzte Ecke ertasten und die Zähne dann fixieren können. Vorsichtig ein wenig vorlehnen – nicht zu viel sonst verwirrt man den Beifahrer, und dann etwas ruckartig den Kopf nach hinten fliegen lassen. Wenn alles vorschriftsmäßig ausgeführt wurde, ist jetzt nur eine ganz, ganz kleine Öffnung vorhanden. Wenn nicht, dann sieht euer Auto jetzt aus als wird darin der nächste Tarantino-Film gedreht. Ihr habt die Wahl!

Akt 4: die Linke führt jetzt die Pommes zu der Öffnung der Ketchup-Tüüüüte der rechten Hand. Jetzt ganz zärtlich drücken und voila – man hat was man wollte. Jetzt schnell in den Mund damit. Achso, ich vergaß: die Lenkrad-Führung übernimmt in der Zeit das rechte Knie! Dafür müssen sich allerdings vor der Fahrt die Sitzhöhe, der Abstand zum Lenkrad und die Kniehöhe in einem idealen Winkelverhältnis zueinander befinden. Übung macht den Meister!

Dazu mein Lieblingsgetränk: Espressodrinks, aber gekühlt müssen sie sein, egal welche Geschmacksrichtung, die kicken richtig (falls das nur ein Placebo-Effekt ist – egal, wirkt). Allerdings passt so ein Drink nicht in die Becherhalterung im Auto, daher muss ich die immer direkt auf der Raststätte killen (sieht nicht gerade sehr weiblich aus, wenn man mal wieder so einen Espresso weg ext). Die Becherhalterung ist eh besser geeignet für die kleinen Kekstüten, die man nur auf den Raststätten bekommt. Man muss sich die Passung der Tüte allerdings erst eressen. Gibt es das Wort? Wenn nicht, dann habe ich es hiermit erfunden. Dann vorsichtig die Tüte reindrücken, Öffnung muss zu einem zeigen, damit man ja auch beim Überholen blind zu seinem Genuss kommt. Im Sommer stelle ich auch immer die Aircon (ja, die Klimaanlage) an und drehe das Gebläse auf die Kekse – dann kann man sogar Schoki-Kekse genießen.

Als ich mit einem Kollegen wieder einmal zu einem Kunden in seinem Auto unterwegs war, fiel mir auf, dass er einen Mietwagen fuhr. Sein Wagen war zur Inspektion.

„Was ist denn das da für ein ekliger, brauner Fleck an der rechten Seite von deinem Sitz?!" Er wird rot. Er: „Nun ja, ist ja nur ein Mietwagen und da gab's einen minor Notfall the other day." Ich: „Häh?" Er: „Okay, vorgestern bin ich mal wieder etwas schnell unterwegs gewesen, war am Überholen, wollte meine Zigarette aus dem Fensterschlitz werfen…" Naja Long Story short, es hat wohl alles nicht so geklappt, die ist ihm wohl kleben geblieben am Finger (wie das gehen soll, keine Ahnung), nun ja, daher ist sie dann zwischen Sitz und Mittelkonsole gerutscht. Wäre ja alles kein Problem, wenn sich nicht auf einmal kleine Rauchschwaden und ein ekliger Gestank von verbranntem Tier (Ledersitzen sei Dank) breitgemacht hätte. Er hat dann ad hoc zu seiner zwei Liter Cola Flasche (war im Angebot) gegriffen und etwas von der braunen Zuckerlösung zum Löschen verwendet. Danach hat er den Überholvorgang ordnungsgemäß inkl. Blinkersetzen abgeschlossen.

Eigentlich könnten Berater doch auch einen Autobahn-Raststätten-Guide oder zumindest eine App rausgeben, zu der nur sie Zugang haben (so als VIP – da stehen die ja immer alle voll drauf) oder aber gegen Bezahlung (natürlich mit Werbeschaltung) für alle. Als Frau finde ich nur die Raststätten gut, die mit Sanifair, die ohne viele Reisebusplätze und die mit genug Abstand zwischen den Parkplätzen und die mit Baumbestand und die mit abends gut ausgeleuchteten Gehwegen. Why?

Tja, manchmal half bei der Fahrt nix mehr: Energydrinks im 6er Pack nicht, Fenster auf nicht (weil zu laut), Fenster zu nicht, Fenster bloß wieder auf, Musik laut, Musik lauter, Musik zu laut, Sitz verstellen, Telefonieren würde helfen – ja, aber wer ist denn nach 23 Uhr noch erreichbar – shit!

Ranfahren (Regel Nr. 6), Plätzchen finden, Türen verriegeln, Handy in den Flugzeugmodus, Wecker auf 15min einstellen, Augen schließen, kurz, ganz kurz einfach nur mal pennen. Powernapping hilft mir immer. Wenn ich ne Firma hätte, dürfte jeder Powernapping machen, es gäbe auch buchbare Räume dafür. Halleluja! Egal, auf jeden Fall komme ich dann so safe und im Ganzen um 2 Uhr nachts in Hamburg an, gerne an einem Freitagabend und mit 2–3 Gutachten für das Wochenende im Gepäck – von der Woche davor. Wie das wohl tagsüber aussieht? Frau im vollen Business-Dress, Augen zu, Mund wahrscheinlich halb schief (hoffentlich kein Sabber) und liegt wie tot da. Manchmal bin ich auch rangefahren, nicht weil ich müde, hungrig oder durstig oder mal wieder wo hinmusste, nein, das Hörspiel war so spannend und ich war ja schon fast da. Mal ehrlich, wenn Hercule Poirot gerade den Mord im Orientexpress auflöst, dann muss ich einfach zuhören. Basta.

Ich bin nach all den Jahren auch immer noch verwundert,

dass man Montagsmorgens um 6 Uhr Berater sieht (egal wo), die alle in ihre Smartphones starren. Kommt schon Leute, so wichtig seid ihr auch nicht und so international arbeitet ihr alle auch nicht, dass jetzt gerade Singapore und Mumbai durchdrehen, weil ihr in den vergangenen Stunden noch nicht geantwortet habt. Okay, jetzt haben alle Smartphones, manche auch zwei, und vielleicht schauen alle lieber in diese Dinger als sich die armen Gestalten anzuschauen, die sich wie bei Metropolis gerade wieder durch das Gate schieben. Aber schlimm ist auch, dass all diese Menschen Mütter und Väter sind, die ihre Schuldgefühle der letzten Tage mit Schokolade für die Familie aus dem Duty-Free Shop kompensieren. Das finde ich traurig.

Früher ist man zwischen Düsseldorf und Köln täglich gependelt, heute London hin und zurück an einem Tag. London, Amsterdam, Brüssel, Zürich, Berlin, Mumbai, Singapur, Dubai – man kennt diese Städte nicht, man hat sie gesehen wie in einer Doku auf 3sat, man hat sie aber nie erlebt, niemals. Krank oder?

Krank ist auch, dass Länder zu Märkten mutieren, Menschen zu Human Ressourcen und dass Politik in den Ländern...ähm, Märkten keine Rolle spielt, wehe du eröffnest das Thema Politik in einer Unternehmung... gar nicht gut. Aber am Schönsten war mal ein CEO, der doch allen Ernstes meinte, dass seine Mitarbeiterbefragung ja die demokratischen Grundrechte in die Länder brächte, wo man nicht wählen darf. No comment, Baby!

Nur kurz zum Abschluss des Reisekapitels: nachdem ich als Nomadin 10 Jahre so gelebt habe, habe ich die Koffersets zum Teil verschenkt und/oder in meinen Keller gestellt – diese kleine Staubschicht, die erfüllt mich jedes Mal mit Freude bevor ich wieder auf Reisen gehe – ich reise nämlich gern, beruflich und privat – aber mittlerweile mehr in a mindful way.

IM HOTEL

Dieses Wort, was bedeutet es eigentlich? Lateinisch „hospes" = Gast. Manchmal fühlte es sich eher an wie lateinisch „hospitale". Naja, im französischen ist „hôtel" = Beherbergungsstätte. Das klingt gut: „beherbergen", jemandem Unterkunft bieten, Unterkunft, Unterkommen, Unterschlupf. Ja, so hat es sich manchmal angefühlt, unterschlupfen. Aber nennen tut es sich ja immer Geschäftsreise. Geschäftsreise, Reisen und dann gibt es noch Urlaub – so unterschiedliche Dinge. Heute machen alle die, die geschäftlich viel reisen, nur noch Urlaub. Wer reist denn noch? Na gut, na gut, die Gen Y macht es richtig. Sich die Globalisierung zunutze machen und in den internationalen Hostels endlich monatelang die Welt bereisen. Aber in Hostels, nicht Hotels. In Hotels? Ach ja, die Berater auf Maternity Leaves, Sabbaticals, Überstunden-Abbau-Monate etc. Da kommen ihnen dann auch die jahrelang gesammelten Hotel-Bonuspunkte zugute, aber davon später mehr. Ein Hotel wird für so viele unterschiedliche Lebensmomente genutzt: für einen Wochenend-Urlaub, für Kuren, für einfach mal woanders sein, auf der Durchreise, für Flitterwochen, für Wellness. Oh ja, in wie vielen geilen Wellnesshotels ich schon war, unglaublich. Das ist fast so wie die Aussage, in wie vielen geilen Städten dieser Welt ich schon war „ja, war super in Mumbai", „ja, Kapstadt war ganz groß", „nee, heute nur in Berlin – geile Stadt, ne?", „heute Frankfurt", „nee, morgen London", „München ist doch erst nächste Woche"

– genauso ist es mit den Hotels. Du siehst nix davon. Ich habe mir abgewöhnt, vorher die Hotels online zu checken, denn die Konferenzraum-Ausstattung muss man immer ewig suchen und den angeblichen super Service auch. Und, es werden all die schönen Dinge angepriesen, die du entweder nie zu Gesicht bekommst wie z.B. die Sauna, den Pool, das tolle Steakrestaurant, den Golfplatz, die neue Bar in der Grotte etc. Ich habe dann ab und zu schon mal aus der Hektik heraus den Fehler begangen, meine private E-Mailadresse beim Check-In anzugeben, weil ich die besser im Kopf hatte, als die geschäftliche, all die Jahre, was soll mir das bloß sagen? Aber zurück zum Fehler. Der Fehler besteht darin, dass du dann die Newsletter all der schönen Angebote immer zugeschickt bekommst... die Angebote, die teilweise für mich als Privatperson immer noch zu teuer sind oder ich aber echt keine Lust habe in einem Hotel Urlaub zu machen, in dem ich schon mehrfach gearbeitet habe und das ganze Servicepersonal mich kennt. Nee, nee, das muss nicht sein. Und dann sitzt du irgendwann gelangweilt in einem Meeting, checkst mal deine privaten Mails und versuchst dann vergeblich im Newsletter ganz unten im Kleingedruckten diesen „Unsubscribe"-Button zu suchen und anzuklicken, um den wieder abzubestellen. Also, (Regel Nr. 7) niemals die private E-Mailadresse hinterlegen. Okay, es gibt Ausnahmen: Andere Berater-Arten, z.B. aus der strategischen Beratung oder IT-Beratung. Die sitzen ja für

Monate in irgendeinem Dorf in der Pampa in einem Hotel fest (Brandenburg und Thüringen waren da ja auch ganz groß drin als es noch deutsche Start-ups in der Energiebranche gab – was für ne Blase). Diese „Kollegen" bekommen dann nicht nur ihre tägliche Verpflegungspauschale, steuerliche Vergünstigungen und freie Kost und Logis, nein, die bekommen dann auch die Punkte oben drauf und sind dann whatever Platin//Silver//Premium-Member… WTF…

Naja, dann will man wenigstens, dass das Hotel zu einer Kette gehört, damit man fleißig Punkte sammeln kann, denn bei 4-5-monatigen Projekten kommen da schon so einige Gratisübernachtungen zusammen – da kann man es sich dann ja schon mal in Kyoto im Sheraton gut gehen lassen und ein Upgrade mit persönlichem Concierge in Anspruch nehmen und so tun, als würde man auf einmal auf die Kundenseite wechseln. Fragt die Berater mal, an wie vielen Punkteprogrammen die so teilnehmen, unglaublich. Habe mich immer gefragt, warum es dafür noch nicht eine extra Online-Hotel-Webpage gibt, denn wer weiß besser als jeder Berater, ob das Hotel was taugt, weil man entweder monatelang da wohnt (da werden die Sachen dann entweder von einem Zimmer zum nächsten geschleppt übers Wochenende oder man hat immer das gleiche Zimmer) – oder wenn es ganz schlecht läuft (kommt auf die Beratung an) dann bekommt man ein interimistisches Business-Apartment – Nachteil dabei nur, kein Reinigungsservice, kein Cleaning, kein Zimmerservice und keiner weit und breit, bei dem man sich beschweren kann, wenn die Betten nicht gemacht sind – ich kann Udo schon verstehen, warum er so lange schon im Atlantic wohnt! Egal, Hotel-Guides von Beratern sind der Hit – sie kennen sie alle – ehrlich, glaubt uns – wir haben dort schon alles erlebt.

Zum Beispiel gab es bis vor einigen Jahren Kollegen oder Kunden (vorzugsweise männlich), die sich einen Escort Service bestellen lassen haben. Sie bestellen den über ihre Assistenz! Ja, die wiederum muss dann spät abends noch den Concierge beglücken, ob er wüsste, naja, wo man hier, für ihren Kollegen, ähm Chef, also, wie das denn so wäre, und ginge, und was das koste, und wie man das bitte bitte bar bezahlen kann, nicht dass das noch auf irgendeiner Kundenrechnung auftaucht. Da muss man ja auch immer die Rechnungen beim Check-Out auseinander pfriemeln: Zigaretten, Minibar, Pay-TV oder die genannten Extraservices. Wenn die beim Kunden landen, um Himmels willen, nicht gut, gar nicht gut. Aber zurück zum Concierge. Entweder reagiert er völlig gelangweilt und stumpf, fragt nach Haarfarbe, Größe, Körbchengröße, Kleidung, Extravorlieben und gibt die Bestellung auf wie eine Pizza mit extra viel Parmesan, pronto. Oder er reagiert total verständnisvoll, blickt zwischendurch nur mit einem Anflug von einem Nicken den Damen zu, die ab 22 Uhr im Hotelfoyer einfliegen oder schon früher auf der Dachterrasse an ihrem Gin Tonic nippen und dicken, verheirateten Männern ihr bestes gelangweiltes Lächeln schenken, obwohl sie doch nichts verstehen, verstehen wollen oder es sie einfach nicht interessiert, wer da jetzt wieder welchen Deal gemacht hat. Überrascht ist man dann nur, wenn man den netten Concierge erwischt, der dann am nächsten Tag in einer ruhigen Minute auf einmal auftaucht und fragt, ob denn letzte Nacht alles okay gewesen war. Ja, klar, Kollege war ausgesprochen zufrieden. Ich habe mich mal gefragt, ob so eine Assistenz nicht auch mal einen süßen Callboy bestellen möchte... man weiß es nicht!

Wellnesshotels, mit ihren tollen Spas, Saunen, Pools – was für ein verfickter Scheiß. Wir Berater können das so gut wie nie in Anspruch nehmen. Wann denn bitteschön? Naaachts??? Ab und zu habe ich es mal in den Fitnessbereich geschafft, aber dann darf man ja beim Abendessen so gut wie nix essen. Nee, das ist alles nix, das ist zu kompliziert. Oder möchtest du mit den Kandidaten zusammen in der Sauna hocken? Siehste. Schlimmer wären noch die Kunden. Also ggf. schwimme ich noch zwei, drei Bahnen, allerdings enden in den Wellnessdingern die Planschpools schon nach zwei Zügen. Am allerschönsten ist es aber, wenn man in wärmere Gefilde gebucht wird. Dann strahlt morgens die Sonne durch das Hotelzimmer, man hört die Vögel und will einfach nur Tourist/Urlauber sein... aber nein, da sind dann schon die Kollegen, Kunden oder whoever, die im Außenpool Bahnen ziehen, um den Golfplatz joggen oder an den Maschinen im Fitnessbereich schwitzen. Aber am schlimmsten ist es, wenn der Kunde den Konferenzraum im Außenbereich gebucht hat, da hat man so einen schönen Blick auf das Meer. Großartig, und wer kann sich dann noch konzentrieren? Und habt ihr mal darüber nachgedacht wie es sich anfühlt, morgens im Anzug mit Laptoptasche an den Palmen am Pool vorbeizugehen? Ich habe mir so oft vorgestellt, dass ich da aus Versehen reinfalle, alle Dateien dahin, Anzug nass, Knöchel verstaucht – muss länger bleiben und kriege endlich eine Liege mit nem Cocktail zugewiesen ... Träume...

Abends ist es dann noch schlimmer, die letzten Gäste liegen am Pool, gönnen sich den zweiten Cocktail, sind mit Tüchern und Badehosen bekleidet und schauen dich erst irritiert und dann mitleidig an wie du da, völlig fehl am Platze, auf High-Heels durch das künstliche Relax-Flair-Ambiente stakst... nur keinen Neid zeigen, Kopf hoch, und selbstbewusst schlendern, so als will man sagen, ich musste nicht dafür zahlen, dass ich hier an diesem Ort bin und ich muss mich auch nicht in die Holzklasse quetschen, um hier herzufliegen... aber innen drin, ist dir das scheißegal und du möchtest doch nur einfach in den Pool springen und dir den Knöchel verstauchen...

Oder, oder man gönnt sich den richtigen Luxus – man hat so ein Hochgefühl, wenn man es sich leisten kann, in so einem geilen 5-Sterne-Luxusbunker gar nicht zu schlafen... Ja, Mann! Das ist das beste Hochgefühl ever... entweder du hast mit tollen Kollegen die Nacht der Nächte erlebt und die Mini- oder Hotelbar leer gesoffen und dann nach 1–2 Stunden Schlaf noch Feedbacks gegeben in dem Glauben, die Kandidaten merken das nicht oder du hast dich klamm heimlich mit deinem neuen Friend-with-Benefits getroffen und hast gar nicht im Hotel übernachtet, musst aber trotzdem am nächsten Morgen um 11 Uhr auschecken und eine Rechnung begleichen. Das ist dann völlig okay, wenn du eingecheckt warst, wenn du nicht eingecheckt warst, kann das kompliziert werden. Die guten Hotels wissen aber auch damit umzugehen, denn wenn sie schlau sind, haben sie das Zimmer doppelt abgerechnet – also eine echte Win-Win-Situation – merkt ja keiner...

NACH HAUSE

Alle Jahre wieder – auch wenn man das als Berater nicht merkt, ich meine die Jahreszeiten, es ist echt so, ich habe meist erst kurz vor Dezember wahrgenommen, dass die Blätter an den Bäumen weg sind und im Sommer waren sie wieder da. Regen, Sturm, lange Nächte, das ist ja jedenfalls in Deutschland für ca. 7–8 Monate der Fall. Okay, wenn man Lehrer oder Erzieher ist oder Kinder hat, dann erlebt man die Jahreszeiten ggf. anders. Jahreszeiten… ich spüre die nicht mehr, weil nur drinnen: im Bus, in der Bahn, im Taxi, im Flieger, im Konferenzraum (auch manchmal mit Fenstern), im Hotelzimmer, weiter, weiter… ach, Schneematsch… Mist, Ballerinas sind doch nicht das richtige… im eigenen Auto immer gerne ein Schuhfach im Kofferraum (also Leinenbeutel). Aber wo waren wir? Ich schweife jetzt schon ab.

Ach ja…nach Hause, nach Hause fahren – je nach Stimmung und Jahreszeit (ich bin da sehr flexibel), singe ich entweder bei 210 km/h aus vollem Halse mit „I'm driving home for X-mas" oder ich schalte sofort um. Wenn ich noch geladen war und so richtig Scheiße drauf, dann half auch kein fucking Hörspiel, dann mussten die alten Lieder her – volle Pulle und ab geht das. Schwups sind die 500 km vom AC in Frankfurt in weniger als 4 Stunden geschafft – ja, Mama, ich bin nicht schnell gefahren, nein Mama, kein Stau, ja, Mama, ich bin hungrig, nein, Mama, ich habe keine Pause gemacht, ihr kennt das.

Zu Hause, was ist das? Wo ist das? Ist zu Hause die Heimat? Wenn man als Nomade lebt und seit 20 Jahren nicht gelebt hat wo man eigentlich immer leben wollte (oh, Hamburg ich habe dich immer vermisst!). Wo ist da meine Heimat? Ein Zuhause habe ich bisher nur an drei Orten in meinem Leben gefunden:

Erstes Zuhause: am Kamin. In dem Haus meiner Eltern bei einer schönen „Tass Kaff" (das ist plattdeutsch und heißt schöner Filterkaffee natürlich) von Eduscho oder Tchibo versteht sich, dann war ich wieder ganz Kind (damals noch mit Kakao)…

Zweites Zuhause: am Deich. Egal bei welchem Wetter, allein mit den Schafen und dem Wind und der endlosen Weite des Meeres…

Drittes Zuhause: am Millerntor. Ich brülle „die Freiheit liegt uns so im Blut", dann verdrücke ich ein Tränchen, mein Herz wird warm und ich fühle mich endlich so wirklich angekommen…

Warum habe ich mir das so selten gegönnt? Weil ich ein eingetrichtertes Pflichtbewusstsein habe, vielleicht nicht für die Firma aber für den Kunden und immer gute Qualität abliefern, immer weiter, höher, schneller, aber wofür, wenn die Lebenszeit immer „kleiner" wird wie eine schrumpelige Rosine und man erst Wochen braucht, um sich zu entschrumpeln. Sabbaticals sind für mich nichts Anderes als Menschen, die sich entschrumpeln. Es kann

Monate dauern bis aus einem Berater wieder ein Mensch wird. Aber auch hier macht Gen Y alles richtig, ohne ein Sabbatical-Angebot bewerben die sich ja gar nicht. Gut so! Aber wir, wir wollen alle Absicherung! Scheiße Mann, die ist so illusorisch wie das Gefühl, wenn du dich auf die Autobahn schmeißt und sagst, Mutti, ich komme bald wieder – verlogene, gequirlte Scheiße ist das. Ich bereue, dass ich so wenig Zeit mit meiner Familie verbracht habe, die mir immer alles gegeben hat, nämlich Liebe und Vertrauen… und ich fühle mich, als hätte ich ihnen zum Dank in den Magen getreten mit jedem Tag, den ich nicht da war, sondern stattdessen wieder irgendwelche Investoren, Chef-Chefs glücklich machte oder einen neuen Deal reingeholt habe. Krank, total krank!

Krank ist auch, dass ich in allen Situationen schlafen kann, im Flieger, im Bus, im Taxi, in der U-Bahn, aber wenn ich mal wieder zu Hause bei meiner Familie bin und morgens ab halb fünf die Vögel zwitschern, dann wache ich auf. Da läuft doch echt was falsch. Oder Kirchenglocken…die dongen mittlerweile um 9 Uhr sonntags statt um 8 Uhr – Gott sei Dank!

Der Kirche bin ich für Ihre Existenz aber nur in einem einzigen Punkt dankbar und auch nur, weil es heutzutage keine richtige Alternative gibt. Ich bin froh, dass es Feiertage gibt, dass es Weihnachten, Ostern, Geburtstage und Sonntage gibt! Denn ohne diese Struktur, ohne diese Tage hätte ich vielleicht komplett die Bodenhaftung verloren, hätte mich der Jeden-Tag-ist-alles-gleich-Hetze hingegeben und gar nicht mehr verstanden wie Stunden zu Tagen und zu Monaten und zu Jahren werden. Wie bei einem Koksjunkie... was meinst du Benjamin? Alle deine Bücher habe ich verschlungen, du warst so ein Idol... dann warst du verschwunden für soooooo lange... ich habe dich vermisst... und mich zeitgleich auch selbst verloren... wir sind so geil gestartet, waren Freidenker, Freigeister, aber haben die Haftung nicht gehabt, sind süchtig geworden und haben auf der Überholspur gelebt... du hast dir das Hirn zwar anders vernebelt als ich, aber letztendlich haben wir Zeit verloren, Lebenszeit, wie diese grauen Herren in Momo... als Kind habe ich das nie verstanden, jetzt schon!

DIE VIPS

In manchen Hotels steigt natürlich manchmal auch das „Who is Who" ab. Okay, Merkel beim Frühstück ist jetzt nicht so der Knaller – vor allem ohne Make-up, da ist Udo und Friends abends an der Hotelbar schon interessanter – jedenfalls Anfang der 2000er. Aber das Eine sind die Very Important People aus den Medien, das Andere sind die VIPs in der eigenen Firma: Hast du gesehen, der ist auch da?! Und heute Abend kommt extra der Europe Boss zur Begrüßung! Und ja, der Vorstand wollte auch noch mal kurz vorbeischauen.

Wenn du dann in dem Konferenzraum im Headquarter des Kunden, der noch nicht ganz fertig vorbereitet ist (ist ja auch noch eine halbe Stunde Zeit und die Kunden vergnügen sich noch am eigens bestellten Catering-Frühstücksbuffet), hin und her wetzt – und auf einmal ein junger, gutaussehender Mann zur Tür hereinkommt als hätte er sich verlaufen und dich herzlich begrüßt und du dich fragst heimlich fragst „Who is this?", weil dein Deutsch mal wieder seit ein paar Tagen nicht aktiv benutzt worden ist – und du dich in grausamem Deutsch vorstellst – „Guten Morgen, Frau Dr. Taylor, ähm, und Sie sind?" Und dann kommt mit einem verschmitzten Lächeln und einem festen Händedruck nur „Ich bin „Firmenname einfügen", also naja, ich bin der CEO von „Firmenname einfügen". Und du denkst dann so plötzlich in Englisch „Whaaaaaaaaaaaaaaaaaaaaaaaaaaaaat?" Du bist keine vier Jahre älter als ich, bist voll charming, smart, sehr smart, siehst voll heiß aus und bist auch noch nett, verdammt nett! Diese Kombination ist selten (Power, Intelligenz, Emotionale Intelligenz und knackiger Hintern). Dann schmelze ich innerlich dahin, meine Knie wie Butter und ich nuschle eine Entschuldigung in den Bart, den ich nicht habe, und frage, ob er etwas Bestimmtes wissen möchte.

Ergo, wehe dem Berater, der die Prominenz innerhalb der Firmen nicht kennt – die muss man halt draufhaben.

So, ihr denkt, schlimmer geht's nicht? Doch geht es! Kontext: Top Leadership Executive Program eines DAX-Konzerns – Abendessen – um endlich mal was „Normales" zu essen – klare Ansage von oben an HR, man will mal was Bodenständiges, sowas, was man halt so isst und nicht immer diese Sterneessen – okay, HR hat das dann mal in die Tat umgesetzt – wir Berater dann mal mit. Also raus aus dem Luxushotel, am Rhein entlang spaziert bei schönstem Kölner Wetter und über die Brücke hinein in die Altstadt – zu einer bekannten Brauerei und dann einfach nur Pommes und Schnitzel oder Hähnchen… ja, sowas ganz Normales halt… Während wir da so liefen, uns alle unterhielten, der CEO mittendrin… da klingelten dann nach und nach die Handys… Sicherheitsdienst! HR haben sie als erstes erreicht: „Wo zum Teufel ist Herr XY (CEO)?????" – „Ähm, ja, hier auf der Brücke in Köln, wieso?" „Weil wir das zum Teufel nicht wissen, wir müssen das wissen, wir wissen das immer!" „Wieso geht der nicht an sein Handy? Wo genau wir denn seien und wo wir denn in Gottes Namen hinwollen?" „Ähm ja, ne Pommes essen halt...", „Sie wollen was? Egal, sagen Sie mir unverzüglich wo sie sich befinden, wo der Fahrer von Herrn XY ist, wo genau sie speisen und wie lange das dauern soll!" „Und ja, so eine Sicherheitslücke wird Folgen haben. Wir sind gleich vor Ort!" So, wie ihr seht, schlimmer geht's immer...

Aber am schönsten sind die Momente, wo die Berater sich solche Geschichten erzählen, die werden dann immer größer und phantasievoller und am Ende ist es nur ärmlich sich mal für einen Tag im Dunstkreis eines mächtigen, intelligenten Top-Managers befunden zu haben – macht dich das jetzt besser? Haste was gelernt? Meinst du, der erinnert sich jetzt noch an dich? Ach, du hast die Visitenkarte – Mann, oh Mann... na dann...

Aber wieder zurück zu einer liebenswerten Geschichte, die ich nicht unterschlagen möchte...

Kontext: 3-tägiges Führungs-Development Center für eine Bank irgendwo im Osten der Republik, ach ja, Leipzig. Erstes Mal für diesen Kunden mit nem Senior Consultant unterwegs... also, will ich natürlich alles richtigmachen. Hab direkt am ersten Tag gepatzt, weil bei einem Kandidaten das Planspiel-Ergebnis futsch war – ob ich schuld war, weiß ich bis heute nicht, aber mein Chef hat super reagiert, und die Entscheidung fiel am Ende günstig für den Kandidaten aus – wie heißt es doch so schön „in dubio pro reo".

Egal, am ersten Abend bin ich nur platt auf mein Zimmer... schlafen... ihr kennt das. Am zweiten Abend sind wir dann noch mal raus, gemeinsam mit einem der Beobachter – der war echt in Ordnung. Also, wir dann in diese süße Straße, Barfußgässchen, rein in einen netten Pub und lecker Drinks bestellt. Als wir drei da so saßen und rumblödelten und uns so gar nicht erwachsen und professionell benahmen wie noch vor zwei Stunden in unseren Anzügen, guckte ich meinen Kollegen an und meinte, dass er mich immer schon an James Dean erinnerte, wenn er Haare hätte und seine so coole schwarze Hornbrille nicht tragen würde. Da nahm der die ab, guckte uns an und da meinte der Kunde – absolut! Du hast vollkommen Recht – dass er das nicht schon früher gesehen hätte. Mein Kollege wusste nicht, ob er sich geschmeichelt fühlen sollte, aber hey, wir lachten uns schlapp... dann fragte mich der Kunde, was ich denn in ihm sähe. Hey, Mann, was soll ich sagen, ich habe ja immer sofort Assoziationen in meinem Kopf, wenn ich neue Menschen kennenlerne, was in meinem Job so um die 10–20 pro Woche sein können – da gibt es Menschen, die mich sofort an Tiere erinnern oder an Filmfiguren oder einfach nur Epochen – manche passen einfach nicht in diese Zeit oder diese Welt – ein Hut auf, Mantel an und schon sieht so mancher Manager aus wie ein Stasi-Spitzel, ein SS-Mann, wie ein liebenswürdiger Medicus aus dem Mittelalter, wie ein Kaiser in Rom oder einfach nur wie ein lustiger Biber oder ein hektisches Murmeltier oder – und davon gibt es viele – einer dieser kleinen Terrier, die immer kläffen und nie beißen. Ich schweife ab.

Also, nach zwei Drinks, meine Zunge war gelockert, ich kannte den Kunden zwar nicht gut, aber hey, ich habe eine freche Schnauze und bin direkt – das hat mich dahin gebracht wo ich jetzt bin. „Du siehst aus wie Mickey Rourke – aber wie in den Neunzigern!" Boom, das saß – das erstaunte Gesicht mit den großen Augen, wurde zu einem verschmitzten Lächeln, das mir ein "Danke" sendete und ich hatte einen Freund am Abend gewonnen. Mein Kollege guckte etwas verdutzt drein, aber wir lachten, denn nun saß ich mit James Dean und Mickey Rourke irgendwo im Osten und wir hatten ne Menge Spaß und der Grund warum wir hier waren, war weit weg, die Arbeit, weit weg.

Als wir das so saßen, bemerkte ich hinter Mickey dann ein Gesicht, das ich nicht unterbringen konnte, woran erinnerte mich der Typ… ach ja, an den blonden Schauspieler … aus welchem Film wusste ich nicht mehr – den fand ich damals schon ziemlich talentiert und irgendwie charismatisch den jungen Bengel. Mir wollte nur sein Name nicht einfallen, der Film auch nicht, also sagte ich zu Mickey, dass hinter ihm ein Schauspielkollege sitze. James und Mickey drehten sich unauffällig um, meinten aber, das Gesicht erinnere sie nicht an einen Schauspieler – wo ich jetzt überall Promis sähe – jetzt übertriebe ich wohl ein wenig und lachten mich aus – aber ich musste mit lachen… der Gedanke ließ mich aber nicht los. „Nein, das Gesicht erinnert mich nicht an den Schauspieler. Das *ist* der Schauspieler!" Jetzt konnten die beiden sich nicht mehr vor Lachen halten, jetzt sollte es wohl auch noch ein realer Schauspieler sein und nicht mehr einer meiner skurrilen Assoziationen. Die beiden konnten nicht mehr. Naja, die hatten auch nen Drink mehr als ich. Mickey meinte, wenn ich mir so sicher sei, dann könne ich ihn ja mal wegen eines Autogramms anhauen. James und er lachten sich scheckig – ich lachte mit – die Situation war zu skurril. Mit Mickey und James hier an der Bar und dann das. Ich konterte „Frag ihn doch mal wer er ist oder trauste dich nicht?" Mickey guckte mich überrascht an aber ich merkte, sowas lässt ein Kerl nicht auf sich sitzen – das zieht immer Mädels. Also drehte er sich zu dem Typ hinter ihm um und fragte nur „Welcher Film?". Und der Typ schaute ihn an und zu uns rüber, schenkte mir ein Lächeln und sagte „Sonnenallee" – BINGO – Schiff versenkt – ich hatte Recht, sowas von – jetzt lachte ich laut los und konnte mich gar nicht mehr einkriegen. Mickey und James guckten zudem so verdattert drein – herrlich kann ich euch sagen. Naja, Alexander kam rüber und wir quatschten – so saß ich dann mit Mickey, James und Alexander in einer netten Bar. Als wir dann so miteinander quatschten meinte auf einmal James, jedenfalls versuchte er uns etwas zu sagen, dass er jetzt auch solche Assoziationen hätte, in den Gesichtern, meinte er – z.B. der Typ an der Bar, der erinnere ihn voll an Guildo Horn – jetzt lachten wir alle drei, Mickey, James und ich – nur Alexander nicht, der meinte zu mir, er kennt Guildo, und der Typ da sieht ziemlich real aus – lass mal rübergehen. Also stehen wir auf und ich gehe mit Alexander rüber an die Bar, als ich mich kurz umdrehe, sehe ich die fassungslosen Gesichter von Mickey und James – geht da gerade die Kollegin mit einem echten Schauspieler zu einem echten Musiker – WTF! Alexander und Guildo quatschten ein wenig, ich hörte zu, lugte ab und zu Mickey und James und genoss... what a night (WAN)! Zum Runterkommen noch eine Kurzgeschichte – very quick and dirty. Sommerabend Prominenz:

Ich wieder alleine unterwegs, irgendwo in München in einem Café auf den Kollegen wartend, der aus Frankfurt noch anreist. Naja, warten kann man das ja nie nennen – Laptop auf und irgendwas ist ja immer zu tun – egal, man sitzt und arbeitet also, bemerkt dann erst nachdem man echt nicht mehr kann, wie schön das Café ist, dass die Sonne schon untergegangen ist, dass es eigentlich ein schöner Sommerabend ist, und man gerne ein Sommerkleid und Sandalen anhätte, statt diesem blöden Anzug mit Blüschen... der Blick schwenkt auf die Straßenkreuzung, gute Laune überall...auf einmal kommt da ein kleiner Macho… so ein typischer Kerl mit Kleiner-Mann-Syndrom, dicken Turnschuhen, Basecap, Baggypants und geht mitten über die Kreuzung, guckt arrogant und ziemlich dämlich aus der Wäsche und macht mir irgendwie diesen schönen Moment kaputt… diesen kurzen Erholungsmoment, diesen Moment, der mal wieder real ist, zurück in der Wirklichkeit und dann kommt dieser Typ daher, der meint sonst wer zu sein… und scheiße sieht der auch noch aus und vor allem dieser Blick – etwas stumpf – na gut, ne gute Figur hat er, aber klein, sehr klein… dann kommt der auch noch auf das Café zu und kommt rein. Stille, absolute Stille, Bewunderung macht sich breit, alles starrt, starrt ihn an – Leude, habt ihr gerade nicht gesehen, wie der über die Kreuzung gelaufen ist, dass die Autos einfach anhalten mussten und dass sich alles nach ihm richtet und dann verehrt ihr diesen Kerl auch noch…wahnsinnig, die Bayern. Übrigens der Typ war wohl Ribery – man kennt ihn, zum Glück kann ich nicht schreiben wie die Werbung der Volksbank „man kennt sich" – aber man denkt, man kennt auch diese Leute aus dem Flimmerautomaten – Sportler sind ja immer gute Menschen, gell, deswegen konnte auch keiner nachvollziehen, dass ein behinderter Sportler in Südafrika angeblich seine Modelfreundin erschossen hat – hey, der doch nicht! Man kennt sich, die, die jeder kennt, und die, die keiner will, und die, die das durchschauen.

BERATERIN IN LOVE

Beraterin in Love! Geht das überhaupt? Ich glaube ja eher nicht. Auch wenn ich jetzt einen Shitstorm auslöse, macht euch nix vor Jungs und Mädels, die Quote der Berater, die Single sind, ist sehr sehr hoch…und die, die verheiratet sind… well, let me tell you… nicht die ehrlichsten auf dieser Welt – aber was Kongresse, Messen und Tagungen so hergeben, wenn „Mann" mal wieder lange nicht ran durfte… aber ich wollte ja über Liebe schreiben.

Lonely, lonely…this is the life of the Berater und wenn du dann auch noch jeden Tag tollen Männern gegenüber stehst/sitzt, dann ist es noch mal härter. Das ist auch der Grund, den meine Freunde nie verstanden haben: „Wieso klappt es bei dir nicht mit den Männern, wenn du doch so viele tolle Alphamännchen jeden Tag kennenlernst?" Sprich, ca. 2x pro Tag, 10x pro Woche, macht ca. 500x im Jahr – naja, nicht ganz, aber 200 bestimmt. Die Antwort ist ganz simpel: blonde Frau, Anfang 30 sitzt auf der falschen Seite: bin immer spinnefeind, das mag Mann nicht. Und wenn Mann eigentlich gut ist im Schwanzvergleich-Modus bei männlichen Kollegen, dann kommt so ein Kandidat bei uns Frauen auch gern mal ins Schleudern.

Aber let me tell you something very important: never fuck with a candidate…ich habe es nie getan… ich habe in all den Jahren zweimal eine Einladung zum Mittagessen angenommen. However, der eine war wirklich schnuckelig, aber in the end doch nur ein Banker… mehr

160

muss ich dazu nicht sagen, oder? Neben dem Beruf gibt es noch ein weiteres probates Verhütungsmittel: Davidoff Cool Water! Das benutzte mein Vater seitdem ich ein Kind war und das war dann doch das beste Anti-Liebe-Mittel für mich – nur wussten das die Manager nicht.

Wenn du Schulungen für Manager // Führungskräfte // Executives // Leaders // Head of's // Directors // Vorstände leitest, dann gibst du den Ton an, sagst den Kerlen wie es geht und was sie tun sollen, um z.B. den geeigneten Kandidaten zu rekrutieren. Diese Kerle müssen sich dann was sagen lassen von so einem blonden, blutjungen Ding. Das kommt nicht immer gut an, aber am Ende müssen sie es sich dann doch eingestehen: die hat's drauf! Auch wenn das sehr selten über deren Lippen kommt. Oder wenn du die Teilnehmereinführung für das AC am frühen Morgen, beginnst, dann bist du eh gearscht. Die Kerle (Kandidaten) denken nur an ihre Karriere, sie sind im Wettkampfmodus und ich, naja, ich bin der Feind, ich kann ja Karrieren versauen. Darauf reagieren Männer natürlich mit unterschiedlichen Strategien: ranschleimen, wegducken oder offensiv angreifen... die, die am authentischsten waren, waren die, die immer am Weitesten kamen. Aber ich will jetzt nicht den Moralapostel spielen, aber wenn du du selbst bist, dann ist es nun mal auch so ... auch im AC oder DC... nein, nicht AC/DC.

Nun ja, viele intelligente Männer... so viel Testosteron um einen herum, und Blondchen Anfang 30 mittendrin. Aber ich glaube mittlerweile, dass meine Kindheit mich so sehr geprägt hat, dass ich gut mit Männern kann, denn ich habe nicht Ballett gemacht, ich hatte eine Autowaschanlage für meine kleinen Spielzeugautos - darauf waren die Jungs ganz heiß in der Neubausiedlung. Und wenn man nach der Schule in den Knicks und Mooren spielt, hat man nicht nur in der Schule Beschützer, sondern auch Freunde fürs Leben und hat gleichzeitig gelernt, was viele Frauen in ihrer Kindheit nicht lernen – Kumpel sein! Naja, wenn man Single ist, Anfang 30 und Lust hätte, sich mal wieder zu verlieben, ist es schön, von so vielen Männern umgeben zu sein, aber manchmal auch echt anstrengend, denn eigentlich verbringt man mit der Spezies jeden Tag mindestens 10 Stunden. Aber Liebe im Konferenzraum? Schwer zu finden.

Und unterwegs? Liebe unterwegs? Love to go? Im Zug zum Beispiel…wenn man in seinen Laptop hackt und die Telkos immer abreißen (wann hat die Bahn endlich mal stabiles WLAN?!). Das Problem ist ja nicht nur mir schon seit über 10 Jahren bekannt. Es ist mit ausländischen Kollegen immer ein peinlicher Moment, wenn die nach dem Passwort im Zug fragen… egal.

Zugfahren, abends, Freitagabend… ich habe 75 Stunden auf dem Buckel, hab die monatlichen Invoices schon fertig (rausschicken muss ich sie ja noch – aber ohne stabiles WLAN und mit abbrechenden Telefonverbindungen hier im Zug?). Zu gefährlich, da was rauszuschicken und nur noch zwei Gutachten schreiben... natürlich bis Montagmorgen. Klar, geht alles. Aber gerade wünsche ich mir nur, dass ich endlich ins Bett komme, schwöre mir, den Samstag frei zu halten und nicht zu arbeiten (naja: Reinigung, Einkauf für 36 Stunden, Wäsche waschen, Freunde anrufen, Wohnung ggf. auf Vordermann bringen etc.). Ich habe schon viel geschafft auf dieser Zugfahrt, immer schön effizient sein, immer jede Minute nutzen, im Zug von München nach Hamburg höre ich seit Stunden in Endlosschleife meinen Lieblingssong Rune-Calabria (bester Ich-arbeite-und-kann-mich-von-der-Umwelt-komplett-abschotten-und-konzentrieren-und-mega-unter-Dampf-ganz-viel-wegschaffen-SONG!!):

https://www.youtube.com/watch?v=izbcl_ngzbc.

Die Landschaft zieht vorbei, es wird Nacht, die Fahrgäste weniger, viele werden an den Bahnhöfen von Freunden, Familien, Partnern abgeholt. Ich nicht. Ich werde alleine mit meinem ganzen Gepäck aussteigen. Niemand wartet auf mich. So in Gedanken versunken und mit der Baseline im Ohr, da ist dann kein Platz für Liebe. Dann bekomme ich nicht mal mit, wenn sich ein interessanter Mann in der Nähe befindet. Diesmal allerdings, diesmal war mir aber ein Fahrgast aufgefallen, der irgendwo im Ruhrpott zugestiegen ist. So ein so süßer Typ, mit so strahlenden, lebensfrohen, intelligenten Augen und er sah auch gut aus, verdammt gut, so ein Typ für den zweiten Blick, so ein treuer, liebevoller Mann. Ich habe mich sogar mal getraut rüber zu schauen, obwohl ich schon so müde aussah und das Haar fettig war und die roten Nägel abgebrochen… aber er hat mich gar nicht wahrgenommen, nicht mal beim Vorbeigehen zum Bistro. Schade.

Irgendwann schloss ich den Laptop und schaute nur noch aus dem Fenster. Das Beste, was man seinem Gehirn antun kann. Stures Gucken. Die Landschaft anstarren und einfach seinen Gedanken und Tagträumen nachhängen. Ich stelle mir vor, wie mich der Mann irgendwie bemerkt, merkt wie traurig ich bin, zu mir rüberkommt um mit mir zu reden und ich ihm mein ganzes Herz ausschütte – der Gedanke war so befreiend und so surreal zugleich. Das ist wie eine Batterie für mich. Eigentlich immer. Diesmal? Diesmal nicht. Irgendwas macht mich traurig. Es war Freitagabend. Mein Abendbrot bestand aus einer ungekühlten Cola-Light und einem lapprigen Vollkornbrot mit Salami in einem von Neonröhren grell erleuchteten Zug. Warum ist es nachts in Zügen nur so fucking hell? Traurig. Trauriger. Eine anrollende Welle voller Traurigkeit und ich mitten drin. Ich fuhr durch meine eigene Traurigkeit hindurch. Allein, allein, Freitagabend, Freunde nicht da, keine Aussicht, kein schöner Abend, allein, allein.

Was? Wie spät schon? Kurz vor 12? Mitternacht, genauso fühle ich mich. Kurz vor 12. Und auf einmal merke ich wie mir Tränen über das Gesicht laufen. Unstoppable. Schnell alles wegwischen. Das „hoffentlich-sieht-keiner-was" ist wichtiger als warum es mir nicht gut geht. Da die Rettung! Die Ansage: noch 6 Minuten. Puh, diesen Heulflash habe ich überstanden. Dann gleich nur noch ab ins Taxi und ins Bett.

In der Stimmung bin ich also von einem Moment auf den anderen. Der Hamburger City immer näher rollend – herrliches, düsteres, depressives Szenario. Der Zug hält, Tür geeeeeeeeeeeeeeeeeeeeeeeeeeeeht nach gefühlten 5 min endlich auf. Ich steige aus. Mit dem Standardgepäck: Rollkoffer, Laptoptasche, Handtasche und noch eine Tüte voller Unterlagen. Ja, „leicht" ist so ein Beraterleben nun mal nicht. Und dann mit dem Gefühl nur noch wegzuwollen, sich ins Bett sehnend, einfach nur Augen zu und durch. Einfach nur aussteigen und das Gleis entlang. Auf dem Weg zum Ausgang. In meiner Traurigkeitswelle gefangen. Abgeschottet. Sonst bin ich immer angedockt, mittendrin, fröhlicher Teil des Systems, immer unterhaltend, immer nett, immer höflich, immer funktionierend. Aber jetzt, in dieser Nacht... ich kann einfach nicht mehr. Ich bin fertig, so richtig fertig. Ich heule so nebenbei, ich merke es kaum, ungelogen. Ich weine und schluchze... es ist mir egal! Verstecken? Vor wem oder was denn? Vor der feinen Gesellschaft? Die ist nachts auf dem Hamburger Hauptbahnhof nicht zu finden. Die wäre eh mit was Anderem beschäftigt als mit einer heulenden Blondine im Businessdress mit überladendem Gepäck.

„Entschuldigung, ist alles okay mit dir?" Ich nehme diesen Satz wie durch ein Nebelfeld wahr. Ein sehr dickes Nebelfeld. Was? Wer? Wer spricht da? Ich bleib stehen, drehe mich um, schaue auf. Zwei Augen blicken mich an, treffen mich, schauen hindurch durch mich, schauen direkt in mein zerrissenes Herz. Offenes Herz, Verletzungen, Sehnsucht, Hoffnung, Liebe, alles liegt ungeschützt da. Und dieser Mann kann in diesem Moment alles sehen. Er, groß und stark, der die ganze Zugfahrt schon in meinem Kopf war, der kam zu mir (ohne dass ich es bemerkte) und fragte mich mit seiner tiefen und zugleich zärtlichen Stimme, ob es mir gut gehe. Hallo?! Was für ein Film ist das denn bitte? Sowas passiert nicht, sowas passiert einfach nicht. Ich fühlte mich so ertappt, erwischt, verletzbar, klein, mickrig, überfordert, ich schämte mich, ich schämte mich so sehr…

Mit einem Lächeln auf den Lippen schaut er mich an. Sein Blick ist so sanftmütig… und ich möchte nichts mehr, nichts mehr als alles fallen lassen und mich in seine Arme schmeißen und sagen: „Nein, gar nichts ist okay, gar nichts!" Doch ich, was mache ich? Ich taumele. Nur schnell weg. Einfach nur weg. Weg von allem. Weg von hier. Weg von ihm. Dieser Moment sollte einfach nur aufhören. Eine Sekunde. Lächeln aufgesetzt, vorgespielter Stolz: „Ja, danke, es geht mir gut." Und gehe, ich gehe einfach weiter, ich muss weitergehen. Nur um nicht echt sein zu müssen. Ich laufe stur weiter, drehe mich nicht mehr um und lauf, laufe weg. Ich fliehe. Als ich am Taxistand warten muss (wohlgemerkt nachts um kurz vor halb eins!) wünsche ich mir nichts sehnlicher als mich in diese Arme dieses Mannes zu werfen. Seinen Atem auf meiner Wange, sein Flüstern im Ohr: „Es wird alles gut." Ich habe fucking Angst. Angst vor mir. Angst vor dem Loslassen. Vor dem Kontrolle-Abgeben. Vor dem Fallen. Ich habe Angst ich falle... FUCK!

Lieber Unbekannter am Bahnhof, mach das immer wieder, sprich die Frauen an, die zu stolz sind, um um Hilfe zu bitten, hör nie damit auf, denn irgendwann lernen sie daraus und lassen es vielleicht zu, lassen zu, schwach zu sein und hilflos. Mach das immer wieder!!

Also, was bleibt? Kollegen? Auch schwierig, denn die sieht man auch so gut wie nie. Und wenn, dann sind Kunden dabei. Dann bleiben noch die Assistenzen. Finger weg. Sind zu jung und naiv. Tja, dann bleiben nur noch diese typischen Wochenenden, an denen sich die Singlefrauen zusammen tun und verreisen, weil sie es sich leisten können, weil sie finanziell unabhängig sind und da liegt auch noch ein Problem. Wir sind sehr emanzipiert, haben unsere eigenen Autos, Wohnungen, Laptops, iPads, kaufen unsere Theaterkarten selbst und die nette Klamotte auch gerne vom Designer. Was könntet ihr dann für uns tun? Mmmh... so viel, aber zum Glück verstehen, dass die falsche Sorte Männer nicht, und das ist auch gut so. Frauen lassen sich seit Jahrhunderten mit Poesie, Gedichten,

Liedern, Blumen und verzauberten, ehrlichen, lustigen Abenden immer noch super erobern, aber nun mal nicht mit Geld – die hohe Kante gibt's nicht mehr – wir haben die gesamte Kiste gekauft. Also, Frauen fliegen am Wochenende in alle europäischen Großstädte, mal ne Woche Paris, New York oder sogar Dubai. Hey, wofür arbeiten wir denn?! Und so hängen tausende von Frauen an Wochenenden wieder in Bahnhöfen, Flughäfen oder sonstigen logistischen Drehkreuzen ab, diesmal nicht allein... diesmal in Gruppen, was ein Kennenlernen von Männern nur noch schwieriger macht... aber das würde jetzt ein ganzes Kapitel füllen...

Ach, vielleicht noch ein paar Dress Tipps so von Business Woman zu Business Man (ohne wo): Männer, scheißegal wie alt ihr seid: Hemden mit Brusttasche und/oder „kurzärmelig" – das ist der kleine Bruder von „kleinkariert" oder wie die erwähnte Motivkrawatte oder die farblich nicht angepasste Non-Happy-Socke, die immer zu kurz ist und unter dem Konferenztisch eure dünnen und beharrten Waden zeigt. KOTZ!! Letztens folgenden Satz im Buch #whatsefack gelesen: „Haben Typen mit erektiler Dysfunktion echt diesen internen Geheimcode, dass sie alle ihre Polokragen hochstellen?" Männer, nehmt ihn euch zu Herzen, erst recht diejenigen unter euch, die im Schrank (und hoffentlich nur da) auch noch diese Camp-David-Scheiße liegen haben – das ist schlimmer als Adilette (heute FILAlette) mit weißen Strümpfen, so jetzt ist es raus. Ich schweife ab.

Also was bleibt? Wo bleibt die Liebe? Love in between? Vergessene Liebe. Was ist das Schönste im Leben? Nicht „Ficken mit Herz", sondern „Ficken vor Liebe". Dieser Moment, und ich weiß, dass du weißt, was ich meine, dieser Moment, wie der sich anfühlt, wie sich guter Sex anfühlt, und ich meine richtig guter Sex, ich meine den, der von Liebe erfüllt ist, das ist der wahre, richtige, dreckige, versaute, ehrliche, hemmungslose, echte Sex.

Ich hatte vergessen zu lieben. Ich hatte vergessen, die Liebe. Ich hatte verlernt zu lieben. Ich hatte sie mir wegnehmen lassen die Liebe...

FRÜHER WAR ALLES BESSER

Ich habe mich immer gefragt wie scheiße alt man eigentlich werden muss, damit dieser Satz eine emotionale Bedeutung für einen bekommt. FUCK – es ist schon passiert, schon vor einer ganzen Weile – okay, ich nutze bisher nur Ausdrucksformen von „früher war es hier schöner" oder „früher, weißt du noch?" – aber ein sehr viel jüngerer Kollege hat meine Generation letztens am besten beschrieben: „Sie machen sich einfach kein Bild, Frau Dr. Taylor, sie machen sich einfach kein Bild!" Herrlich, sowas würde die Gen Y in echt nie benutzen...aber das ist auch gut so, es gibt so viele fucking Phrasen und man kann sich damit stundenlang unterhalten ohne auch nur irgendwas zu sagen. Ich schweife ab.

Wie war das denn früher? Bevor man sein Leben an Kunden, Chefs und Beratungsfirmen verkauft hat? Wann fing das eigentlich an mit dem Beraterdasein? Yes, im Studium, ich habe es meinem Diplomvater zu verdanken. Er hat das Beraterherz in mir geweckt.

So sind drei oder zwei Studentinnen, den Kopf voll mit theoretischem Wissen, in die Wirtschaft geschmissen worden: Kompetenzmodelle entwickeln, Umfragen bzgl. Kundenzufriedenheit, -sicherheit basteln... alles dabei. Wir fuhren los in alten Autos, an Orte wo wir noch nie gewesen sind und kauften uns unsere ersten Anzüge bei H&M – mehr war nicht drin, noch nicht. Wir fuhren durch die Republik, für einen Stundenlohn von ca. 10€ / Stunde – das war mega viel Geld für uns. Wir durften selbst die

Problemstellung in den Unternehmen analysieren, wir durften Fragebögen entwickeln, die wir dann mit einer super neuen Maschine, die Fragebögen „einscannte" und in SPSS übertrug, und auswerten. Wir haben geackert wie die Blöden, wir hatten so viel Freiraum, wir waren unbesiegbar…wir hatten es voll drauf! Erfolge wurden reichlich begossen, junge Bengel in fremden Orten an der Nase rumgeführt, es wurden die Erfolge groß gefeiert und im lokalen Tagesblatt wurden wir auch erwähnt – die Geschichten, die wir hierbei erlebten, dazu muss ein neues Buch her, aber es sei gesagt, Arbeit hat fast nie wieder so viel Spaß gemacht wie mit den Mädels zu Beginn des neuen Jahrtausends! Und hey, ich habe die Jobs nur bekommen, weil ich nicht eine von den Studentinnen war, die Birkenstocksandalen zur Vorlesung anzogen – so war das leider unter den Psychologiestudentinnen. Wir hatten kaum Geld, maximal 600–800€ im Monat, aber wir haben gelebt – und wie wir gelebt haben, wir waren frei und die Welt stand uns offen – wir wussten nur nichts von dem was uns bevorstand – dafür hat uns die Schule und die Uni nicht ausgebildet – aber jetzt werde ich zu philosophisch. Aber auf diesen ganzen Projekten, für all diese Unternehmen, wo wir Problemstellungen beackerten und frei waren – da ist das Beraterherz in mir entfacht… und hey, wir haben stolze 10 Jahre zusammenverbracht! Und ja, früher war es besser… viel besser… auf Projekten sein ohne Handy, ohne Laptop, on the road, mit nem CD-

Spieler am Autoradio und die Lautsprecher bummelten von der Sonnenblende, Placebo und sonstiger 2000er Hip-Hop trieb uns auf den Autobahnen voran, wir übernachteten zu dritt in einem Bett, soffen Jägermeister für lau auf den Relaunch-Parties (Respekt, dass die das alte verstaubte Gesöff wieder zum Leben erweckt haben), trieben Zivis nachts in Unterhosen durch die Kleinstadt-Innenstadt, ließen gestandene Männer vor unseren Augen nackt baden (denn im Mäxchen-Spiel waren wir wahre Lügenmeister)… Mann, war das eine geile Zeit!

Die Überleitung zum nächsten Kapitel will partout nicht gelingen, da ist der Leser jetzt mal selbst gefragt!

1B STD NACH ABPFIFF

Sonntagmorgen, einfach mal aufwachen ohne Termine, ohne Gutachten im Nacken oder irgendwelche privaten Brunch-Verabredungen (wer hat den Scheiß eigentlich erfunden?). Montag frei genommen und gerade lecker Frühstück am Start und ein winziges Gefühl von Freiheit, ähm, Freizeit, freie Zeit, keimt auf. Ausgeschlafen, hippelig geradezu, kein Wecker, kein Flieger, Koffer unausgepackt in der Ecke und ich rutsche auf meinem Küchenhocker hin und her (ich hasse Hocker, ebenso wie Rucksäcke – „aber das tut jetzt nichts zur Sache" – diesen Satz musste ich irgendwo einbauen, weil der so geil ist und eine gute Geschichte braucht nun mal so einen, diesen Satz. Ich schweife ab.

Die Gedanken sind noch neblig – Brain Fog! Mal wieder… Was fange ich denn mit so ein paar Stunden freier Zeit an? Worauf habe ich denn überhaupt Bock? Zeitung aufgeschlagen, Nutella-Brötchen am Start, was lese ich da, St. Pauli spielt heute? Heimspiel. Wie jetzt? Wie konnte mir das denn entgehen? Egal, hoffnungslose Suche nach Karten wird gestartet, naja, alles ausverkauft, Kartenhotline ausverkauft, Ebay-Kleinanzeigen, Passwort vergessen. Resend back and forth. Login, Tickets! Waaaaaas? Da gibt jemand seine Karte weg auf der Gegengerade. Waaaaas? Zum ORIGINALPREIS? Waaaaaas? Ist der irre? Geil, geil, geil, sofort antworten. Warte, warte, warte, F5, F5, F5, warte, Toilette, warte, warte, Frühstück wegräumen, F5, Pieps aufm Handy, E-

Mail, Nachricht von Ebay. Waaaaaaas? Ich kann die Karte haben! Ich?! Yeah, Telefonnummer gesendet. Messages hin und her, promising, dann das final YES – es kann losgehen!! Haare?! Scheißdrauf! Schnell Zähne geputzt, viele Lagen Kleidung bei dem Schietwetter helfen, Freund mit Dauerkarte angerufen, ich komme endlich mal mit. What a Feeling! Ist das jetzt so Leben? Fühlt es sich so an zu leben?

Ab in die U3, Feldstraße raus, am Bunker vorbei, zum Millerntor, Fußi gucken – dachte ich jedenfalls, ich wollte ja nur Fußball gucken, allein, aber stattdessen bin ich mir selbst begegnet und ich habe da meine eigene vergessene Geschichte wiedergefunden. Dort auf der Gegengerade wechselt sich Regen mit Sonnenschein ab, das Bier kühlt mich ein wenig– und überhaupt, ich konnte es fühlen. Ich stehe da mittendrin, nichts Besonderes also, aber auf einmal dort, dort an diesem Ort, nach all den Jahren, die ich nicht zu den Spielen gehen konnte, weil ich nicht in Hamburg leben konnte, dort, dort flossen die Tränen, vor Freude, ich fühlte mich endlich angekommen, endlich zu Hause, endlich am richtigen Ort, ich fühlte mich endlich zu Hause, die Nomadin war endlich home! Zwischen all den Fans, den Freaks, den Vagabunden, den Freigeistern, den Kreativen und ein paar, die dazu gehören wollen, dazwischen fühle ich mich so wahnsinnig wohl, pudelwohl (auch wenn es den Pudel zu lange nicht gab – aber das ist eine andere Story). Der Regen fällt in dicken

Tropfen auf den Platz und die gleichen dicken Tropfen sammeln sich in meinen Augen, wenn ich singe, wenn ich brülle, wenn ich schreie und wenn ich zwischendurch an die letzten Wochen denke. Dann freue ich mich, dass ich hier bin, dass ich da bin, dass ich hier stehe und weine.

Ich freue mich über meine spontane Entscheidung, am Morgen ein Ticket zu suchen, über einen tollen Menschen, der ein Ticket für den ORIGINALPREIS abzugeben hat, weil alles andere Wucher ist – richtig so!

Das Spiel beginnt mit einer großartigen Choreo auf der Süd und dem Supportblock auf der GG (auch wenn die, die das organisiert haben an diesem Abend immer wieder an sich zweifeln, was man noch alles hätte besser machen können – aber dazu später mehr). Das Spiel beginnt, Gegentor, TOR, TOR, TOR, TOR, Gegentor, TOR – unglaublicher Jubel, pures Glück und dann werde ich noch von neuen Freunden als Glücksbringer gefeiert!

Danach treiben lassen mit alten Freunden, auf nen Absacker in die Fanräume, dann kurz ins Clubheim, dann noch auf'n Kiez. Unendlich viele Kneipen später, eine Sommernacht. Nacht, nachts, nachts auf der Tanzfläche, die Lichter zucken, der Beat dröhnt, ein Typ, ein „du bist süß", ein Blick, keine Liebe, nur Lust und ein wenig Gier und ein Bier, eine Straßenecke weiter, eine Wohnung, ein Keyboard, ein Sound, ein Bett. Die Welt vervögelt und dabei über die eigene Geschichte nachgedacht. Er, der süße, blutjunge Typ steht so selbstbewusst vor mir und erzählt mir wie er seinen Job geschmissen hat und eine Band gegründet hat – alles auf eine Karte gesetzt. Er spielt mir am Keyboard vor und ich sehe endlich mal wieder einen Menschen mit dieser ungebändigten, trotzigen Energie. Bei mir im Kopf saust es, ein kurzer Gedankenblitz, war ich das nicht auch mal? Will ich das nicht immer noch? Ja, ich will! Ja, ich will das auch – will meine Liebe und mein Leben zurück!

Das alles in einer Nacht – solche Gedanken kommen nur in dieser Stadt, in diesem Stadtteil, das ist die „Freiheit, die liegt uns so im Blut". Udo weiß es, Jochen weiß es, wissen es alle die, die es gewagt haben? „Eine eigene Geschichte, aus reiner Gegenwart, sammelt und stapelt sich, von selbst herum um mich während ich durch die Gegend fahr"

Jochen hat es schon früh gewusst, ich habe mir den Song zigmal in meinem Leben reingezogen, aber ich habe es nicht verstanden. Als ob meine Ohren verstopft, mein Hirn vernebelt, meine Sinne getrübt sind, als ob ich es einfach nicht wahrhaben wollte, was mir da entgegenschlägt – all die Jahre in allen Formen der Kunst. Parallelwelten oder Parallelrealitäten, irgendwie, so vom Ding her – so, jetzt aber erst einmal den Weg nach Hause finden.

18 Stunden nach Abpfiff – Höhenrausch – raus aus dem fremden Bett, zu Fuß den Weg nach Hause über den Kiez,

es regnet, aber in mir nur Sonne. Wann habe ich das letzte Mal was gegessen? Gestern, Frühstück, ach ja, schnell mal einen Kaffee aus dem Café für auf die Hand („to go" klingt so 2000er), alkoholische Restbestände im Hirn, den letzten Fick in den Beinen, Sonnenbrille auf (Jan weiß warum) und zurück zur Feldstraße, Montagsmittags im Regen – schlafen kann ich schließlich, wenn ich tot bin.

EPILOG

Fast jede Woche ist bei all dem Hin- und Her-Gejette wie jede andere – in 10 Jahren – das macht 520 Wochen, mit ca. 15 Krankheitstagen und einer Urlaubsverschiebung von bis zu 20 Tagen ins jeweilige nächste Jahr und einer durchschnittlichen 70h-Woche – doch eine stolze Leistung.

Unternehmensberater – wir brauchen sie. Ja, sie haben sich wie die Finken auf den Galapagos-Inseln ihre Nische gesucht und sind nun unersetzlich in unserem Wirtschaftssystem verankert. Berater sind ja (wie ihr nun wisst) nur um Tage oder vielleicht auch manchmal nur um ein paar Stunden im Vorsprung – und zwar mit 24-Stunden-Tagen und interdisziplinären, hoch motivierten, karrieregeilen, wettbewerbsorientierten Teams am Start. Okay, Okay, die Expertise, die Tools, die Denkweise – ja, ist da, aber woran es immer scheitert: sich in den Unternehmenskontext und die Kultur einzuphasen. Don't get me wrong, ich mag Berater, vor allem die Partner, diese Narzissten, die so haarscharf entfernt sind von den Neurosen, die diese globale, kapitalistische Welt zu bieten hat. Aber hey, lieber neurotisch als burned out?!

Würde ich es wieder tun? Ja! Ja, ich würde. Wenn ich sehe wie manche Menschen in Unternehmen über Jahre versauern und „complacent" werden – dann doch lieber nach all den Jahren die klaren Worte von Kurt Cobain (respektive Neil Young, s. oben, ganz weit oben). Damals als ich heulend eine Kerze anzündete an seinem Todestag, habe ich mich mit einer ganzen Generation verbunden gefühlt. Auch wenn ich den Wunsch hatte „Teil einer Jugendbewegung zu sein" (Danke für den Satz, Lieblings-Band mit dem Namen eines japanischen Vorgängers des Game Boys). Hätte nie gedacht, dass diese Worte mal so eine Bedeutung für mich haben würden.

Ich hoffe, ich bin rechtzeitig abgesprungen. Aber, ach nee, wir Berater sagen ja immer statt „aber" „und" – also, und mittlerweile habe ich auch eins begriffen: Nehmt euch das Leben! Das meine ich wörtlich – nehmt es euch! Nehmt es euch in vollen Zügen, lasst euch nichts vorschreiben, macht euer eigenes Ding, macht die Welt anders als sie eben gerade noch war – versumpft nicht im Konsum, bitte! Es muss ja nicht gleich ein neuer Rudi Dutschke her... Aber ey, lasst euch nicht verbrennen für etwas, das ihr so nicht erlangen könnt: Glück und Zufriedenheit – das geht nur in einem meaningful und mindful way. Wie sagte Jochen auf einem seiner Revival-Konzerte: „Keep it real"!

Die Generation Y und X verstehen wahrscheinlich jetzt nur Bahnhof, also explizit, dieser eine Appell: nehmt euch das Leben und damit eure Freiheit zurück! Vergesst den ganzen Beraterquatsch.

Das Leben wartet – los, haut schon ab!

Also,

„If you don't

build your dreams,

someone will hire you

to build theirs."

- Tony Gaskins -

Aber eines der prägendsten Zitate, mit dem ich fast finishen möchte und das nicht klarer zu mir hätte sprechen können, ist:

„Freiheit

statt

Freizeit"

- Joseph Beuys -

GLOSSAR

Erstens. Hier stehen nur einige wenige meiner Lieblings-Berater-Worte // Zitate // Fachbegriffe (nicht alphabetisch, sondern in der „gefühlten" Häufigkeit der Anwendbarkeit – ach Quatsch, chaotisch eben wie in unzähligen PPTs, Meetings etc.) Gibt es in D-Englisch, Phrasenform und im Whatever-Style – die Sprache hat sich einfach verselbstständigt.

AC	Assessment Center
DC	Development Center
HR	Human Resources (Human Resource = Mensch!)
Pilot	Entjungferung
GM	General Manager (also jeder)
ORCE	Observe, Record, Classify, Evaluate
Rollout	Einführung (alles eigentlich)
Biases	was ist denn noch wirklich real häh?
Eineindeutig	eindeutig kann ja jeder
Kommt darauf an	geht immer!

Leidenschaftslos	is klar – sag doch ehrlich „scheißegal", „Frage überflüssig you fuc...."
Adressaten- gerecht	macht kaum einer
Führungskraft als Coach	no comment (zu viele unnütze Diskussionen geführt)
You drive the process	drauf gesch...!! Nie!
I hear what you say !	ist mir aber trotzdem sowas von Latte
You name it!	tja, das ist auch so ne Art Bestätigung
Change is the new normal	fuck you!
Agile	in HR ist das jetzt mal grad so ALLES
Disruptive	wollen alle, kann nur keiner
Ambiguitäts- toleranz	sollte allen Babys als Impfstoff verabreicht werden
Quality x Acceptance = Excellenz	wie wahr!! Ohne A geht da ma gar nix...
Dominant Logic	oh yeah – zu viele auf dieser Welt in jedem von uns
POLITIK	Füllwort, denn es liegt ja immer an der Politik oder am Markt oder überhaupt – immer schön external attribuieren!

Dr.-Titel	ey, so letztes Jahrhundert irgendwie –schlimmer sind nur noch die Siegelringe – kotz
Das würde jetzt zu weit führen	Synonym für „hab doch auch keine Ahnung", „schnell weg"
usw. usw. usw.	bitte ergänze hier deinen Bullshit

Zweitens. Hier noch ein kleiner Auszug an Headlines/Fragen der latest LinkedIn- // HBR- // Oder-sonst-welchen-Artikel (s. unten). Mir huscht immer ein Lächeln über die Lippen, wenn ich sowas mittlerweile lese. Für alle nicht in der Beratung arbeitenden Menschen, die sich diese Fragen nie gestellt haben und nie stellen werden: LOB! Dies sind die globalen Themen, die du nur als Berater immer aktuell draufhaben musst, immer! Der Welt sind die scheißegal.

"Why do you do the things you do?"

"Is it so hard to walk the talk?"

"Do you know the leadership secret?"

"What are the challenges of change?"

"Is Mindfulness all Theory?"

"Can EQ alone build a leader?"

"The Forsaken Art of Thinking"

"99% of people fall into this trap"

...

MEINE LETZTEN WORTE...

Blut strömt… strömt durch mich durch. Blut
fließt… fließt wie ein warmer, sanfter Fluss in mir
und erinnert mich daran, dass ich lebe…

Ich hatte vergessen zu leben.

Ich hatte es vergessen, das Leben.

Ich hatte verlernt zu leben.

Ich hatte es mir wegnehmen lassen, das Leben.

Ich habe es mir selbst genommen, das Leben.

DANKSAGUNG

Wenn jemals dieses Buch veröffentlicht werden sollte, weiß ich, wem ich zu danken habe: all den Künstlern da draußen, die mir tagtäglich ins Gesicht geschrien haben: Mach dein Ding! Aus so vielen Songs, Büchern, Kinofilmen, Theaterstücken… Mach, was dir gefällt! Ali, geh das Risiko doch endlich mal ein!

Hat Jahre gedauert… dann endlich den Mut gefunden & die Ängste überwunden. Und wenn du das hier liest, dann habe ich das wohl jetzt gemacht. Aber leise und auf Zehenspitzen, denn ich wollte bloß eins nicht: versagen – vor anderen aber vor allem vor mir selbst.

Vor allem danke ich meinen Eltern. Seitdem ich auf der Welt bin, haben sie mich geliebt – mit all meinen Ecken, Kanten und Macken. Sie haben mich in allem unterstützt, was ich tun wollte und haben mir vertraut. Das ist unbezahlbar viel wert und dafür liebe ich sie! Ein dickes DANKE auch an alle meine Freunde, die immer an mich geglaubt haben – ohne euch gäbe es dieses Buch nicht!

Danke Steffi, Anne, Bernd, Bernd, Doro, Mählitz, Sebastian, Sebastian, Heini, Tatti, Holgi, Jacques, Difi, Ulli, Mülli, Rena, Matthias, Moni, ETKB, Tom und vielen, vielen mehr…

Und ein dickes DANKE an alle Kollegen, die glauben, dass ich sie gemeint habe, und an die, die ich gemeint habe und die, die im zweiten Teil ggf. noch erwähnt werden. Danke für eure Inspiration! Hätten wir einen Beraterschlachtruf – hier würde er jetzt stehen…

Die Ali – The Beraterin